罗马法民法大全翻译系列

CORPUS IURIS CIVILIS

DIGESTA

学说汇纂

（第三卷）

起诉的问题与基本制度

吴 鹏 译

[意] 腊 兰 校

中国政法大学出版社

2016·北京

OSSERVATORIO SULLA CODIFICAZIONE E SULLA FORMAZIONE DEL GIURISTA IN CINA NEL QUADRO DEL SISTEMA GIURIDICO ROMANISTICO

Università degli Studi di Roma "Tor Vergata"
"Sapienza" Università di Roma
Dipartimento Identità Culturale del CNR
Università della Cina di Scienze Politiche e Giurisprudenza (CUPL)

Volume stampato con il contributo dello stesso Osservatorio

SI ACTIONE EXPERIATUR

Traduzione in cinese con latino a fronte

A cura di Sandro Schipani
Professore Senior di Diritto Romano, "Sapienza" Università di Roma

Traduzione in cinese di WU PENG
Dottorando dell'Università degli Studi di Roma "Tor Vergata"

Revisione della traduzione ad opera di LARA COLANGELO
Assegnista di ricerca dell' "Osservatorio sulla codificazione e sulla formazione del giurista in Cina nel quadro del sistema giuridico romanistico"

Con collaborazione del Centro di Studi sul diritto romano e Italiano
Università della Cina di Scienze Politiche e Giurisprudenza (CUPL)

序

1.《民法大全》的本卷译文涉及《学说汇纂》第三卷（D.3.），它包括6章：①关于诉讼请求；②关于那些受到不名誉记过的人；③关于代理人和辩护人；④以任一团体名义进行的诉讼；⑤关于管理事务；⑥关于诬告者。它涉及的领域都在广义上与诉讼程序相关，而诉讼程序的开展——正如我在 D.2. 的《序》中已经说过的——始于 D.2. 那一卷，并包括了紧随着本卷的 D.4.。但是，根据一种表达了统一概念的分类，该领域被论述的方式既不连贯也不统一，因为它仍然主要与实体法相交织，并聚焦于"诉"。此外，在本卷中被检视的许多制度，也经常有超越诉讼程序领域的延伸：这是指代理及事务管理，它们主要在日常生活语境下的观点里与诉讼程序相关，并于开展诉讼程序之外有着极大的用处[1]。

---

[1] 有关诉讼程序可参考的著作有：G. Pugliese, *Il processo civile romano*, I, *Le* legis actiones, Roma, 1962 e *Il processo civile romano*, II-1, *Il processo formulare*, Milano, 1963；以及许多文章，再版于 *Scritti giuridici scelti*, vol. 1-2, Napoli, 1985.

2. 在之前的 D.2. 中，论述了诉的"表示"（*editio*），即原告希望起诉（D.2，13.）。在各方当事人出现在执法官面前之后，原告行使"诉讼请求"（*postulatio*），也就是说，请求执法官准予其发起诉讼以保护其诉讼主张，并批准他从告示中选择示明了的诉讼程式。在程式诉讼中，他同时也更新了诉的表示，并通知被告接受相关的程式，而诉讼将按照该程式开始。

"诉讼请求"意味着向执法官请求一项措施。请求必须以明示或默示的方式确定实体上被保护的情况、制造了损害的违法行为、人们所请求制造的效果（这效果是为了去除不法行为在被保护的实体情况上所制造的消极后果）。这请求可以是为了诉讼，也可以是为了禁令、归还和裁判官要式口约。诉讼请求（诉讼主张）可以由被告完成，比如，当他请求在原告的诉讼主张之后插入一项抗辩，而对于该抗辩，原告可以进一步地请求（申请）插入一项反驳，如此往复，直至裁判所需要知晓的、法律上相关的所有方面都被正式提出为止[1]。如果原告所提出的行为或事实也决定了被告的一项诉讼主张，那么后者也可以为它发起反诉[2]。

---

　　〔1〕 需要强调的是，"提出"有时很明确，有时很笼统，而这给后续裁判阶段的裁判者留下了或多或少的解释空间，这解释空间是由法学家们的观点所导引的，＜因为有时＞当事人各方为了在诉讼中陈述一种观点，可以参考他们＜即法学家们＞的观点，或者，＜有时＞也应该参考他们＜即法学家们＞过去曾经表示的、与此有关的观点，正如记录在 Gai.1.7 中的哈德良的批复所呈现给我们的那样。

　　〔2〕 参见 D.2，1，11，1。人们在 D.3，3. 和 D.3，4. 的代理人问题中也提及了这些诉讼。

诉讼请求还可能由原、被告之外的人完成，这在当事方无法"诉请"的时候是很必要的。总之，所有人都可以拥有律师，尽管律师在诉讼程序中并不取代他们——就像"代理人"那样（参见 D. 3，3.）——但可以向执法官请求更加恰当的措施。

成为律师，要求有相应的适当身份。实施了不可敬的行为之人，或（及）从事了不可敬的活动之人，不能从事律师职业。此外，还要求有法律上的训练[1]。

程式诉讼的特点是，执法官有权依据对案件的概要审理，准予或拒绝一项诉讼。

执法官可以拒绝一项请求（D. 50，17，102，1），因为他认为它由于各种原因而不可起诉。不允许的程序的理由是，比如，被诉诸的执法官对于呈送给他的问题领域或

---

〔1〕 实际上，在公元前 1 世纪及公元后的最初几个世纪中，在诉讼程序中对一方当事人的协助主要是由雄辩家们来进行的，他们受过基础的修辞学的训练和概要的、入门的法律训练，他们有时会通过参考法学家的观点来补充这种基础的法律训练；他们希望首先"说服"一位这样的法官：他是一位感同身受的市民，并间接地受法学家们的观点所导引，但他没有受过专门的法技术上的教育；但是之后，随着诉讼程序形式的变迁，以及随着等级制官员的行政、司法官僚机构的形成，不论是司法官员还是律师，法律教育都越来越占上风。在古代晚期，律师们所受的教育与其说类似于修辞学家的教育，不如说类似于法学家的教育，并要求通过一项专门的考试（参见 C. 2，7 中的君主谕令）。此论据十分重要，不能于此处论述，参见 Introduttivo sulla trasformazione del processo, G. Grosso, Storia del diritto romano, 207 页及以下；关于法学家、雄辩家与律师，参见 F. Schulz, *History of Roman Legal Science*, Oxford, 1953；另附 *Geschichte des römischen Rechtswissenschaft*, Weimar, 1961（意大利语译文，*Firenze* 1968，104 页及以下；481 页及以下）。考虑到法律的科学制定、对法学家们及法的一般操作者们的教育、对诉讼程序及结构（人们于其上行使 iuris dictio/宣布争议案件的法律/管辖权）的组织之间的相互作用，这论据是值得深入研究的。

争议发生的地点没有管辖权；当事人起诉的明显无资格，因为缺少他们的诉讼程序角色（原告或被告或必要的保证）所要求的条件；当事人无能力为自己或他人作法律请求。实体的理由有，请求明显无根据或不公平。对于前者，执法官可以依据（由当事人或其他人提供的）对环境的知识加以了解。而明显的无依据还可以取决于原告对其所发起的诉讼的糟糕选择，这选择不利于他使用其诉讼请求的基础。在这种情况下，执法官可以在驳回请求之外，建议提起另外一个诉讼。当诉讼请求基于一条法律，而该法律的适用，在那种情况下产生了不好的、不平等的结果时，或者，当诉讼请求基于一项民法规则，而该规则是执法官"修改过的"（D.1，1，7，1）——比如，在这样的一个诉讼中：债权人要求履行一桩"要式口约"或一项遗赠，但根据民法，这原本不允许合法性判断，而是一个由裁判官进行判断的"不道德"案件（D.45，1，26 e 27pr.；D.45，1，97，2；D.35，1，71，1）——则产生了不公平。对诉讼的拒绝不构成一项明确的行为：执法官本人可以改变他的判断并且撤销之，或者，有关当事人可以将其请求呈送给另一位执法官。此外，当执法官怀疑他在即决判断的框架下无法解决时，他也可以准予诉讼；在这种情况下，在后续的裁判阶段中，被先决评估的无疑是执法官无法充分评估的那些准许的理由，且仅仅是在它进入实质之后。

在程式诉讼之后的年代里，诉讼程序的先导行为被称为"通知诉讼"（*litis denuntiatio*）。它由一个书面行为（*libellum*，意为"小册子"）构成，在该小册子中，原告表明其起诉的理由，以及其请求主管官员授权的理由。在取得授权后，该小册子被通知给被告，同时还有命令他出现在主管官员或主管官员所指明的法官面前的通知。这通知是演变的，人们从私人的通知中还发展出一种由法庭所命令的通知。总之，在法庭上，人们行使诉讼请求。

如果被告决定自我辩护，那么他在考虑抗辩等（正如上面已经谈过了的）的情况下，作出他自己的诉请时，是对他有利的。相反，如果他决定承认原告诉讼的理由，他就在法庭上作出供认[1]。

原告还可以尝试简化诉讼程序，方法是要求交诸誓言，由裁判官评估是否准许这一移交（必要誓言）。针对这一移交，被告可以选择履行，或者——相反——起誓，或者引用原告作出的誓言。还存在一种自愿誓言，未提供此种誓言对被告不产生后果，除非作为线索[2]。

通过准予诉讼，并具体地确定对法学重要方面的陈述，人们开始了诉讼争议（诉的设立），这一时刻同程式

---

[1] 关于供认，参见 D.42，2。根据《十二铜表法》中就已经提出的一条规则，它与判决有着同样的效力。

[2] 关于必要誓言与自愿誓言，参见 D.12，2 及我和 A. Saccoccio 所写的《序》第 5 段。

诉讼[1]及后来的优士丁尼时代的诉讼有着不同的形式与效果，现在不是检视它们的场合。

本章主要是关于提出"诉讼请求"的必要要求，要么就是关于行使它的禁止性规定。正如为了其他各卷，为了本章与后续各章，我提出一系列无疑尚能改进的文献片段，它能够提供初步的帮助[2]。"诉讼请求"是什么意思：D. 3, 1, 1, 2。关于可以或不可以在诉讼中行使诉讼请求的人：D. 3, 1, 1pr.；D. 3, 1, 1, 1；D. 3, 1, 7。被绝对禁止进行诉讼请求的人：D. 3, 1, 1, 3；D. 3, 1, 1, 4。经裁判官允许，可为自己进行诉讼请求，但不能为他人进行诉讼请求的人：D. 3, 1, 1, 5；D. 3, 1, 1, 6；D. 3, 1, 6。经裁判官允许，可为自己及特定的人进行诉讼请求，但不能为所有的人进行诉讼请求的人：D. 3, 1, 1, 7；D. 3, 1, 1, 8；D. 3, 1, 11, 1；D. 3, 1,

---

〔1〕 对于程式诉讼，最明确的特点是（执法官的和当事人的）行为整体上将争讼关系提交给法官（即双方合意选定的公民）来决定；人们就这样服从判决（而判决基于在这行为时被识别与固定的纠纷元素），并且，相应地，将突发情况视为微不足道，以及禁止补充与修改诉讼请求各方面（参见 Gai. 3, 180; Gai. 4, 114）。另一效果是诉的消耗，这是人们在 ne bis in idem/"一事不再审"原则中表达了的；这一取消性的效果作用于已经发起了的诉讼，只要这是为了已经于诉讼中被陈述了的同一法律关系，并倾向于导向同一结果，则即便它由另一主体重新发起请求或者针对另一主体而请求也不行（事实上可能发生的是，对于同一情况，适用不同的诉讼，即存在着诉、刑、损害赔偿的竞合，或者同一诉讼可由多人发起，即存在着人的竞合，此种竞合可以是任选的或集体的）。

〔2〕 参见 R. J. Pothier, *Pandectae iustinianeae in novum ordinem digestae*, 1748~1752，以及我在 D. 16 n. 6；D. 4 n. 6 – 8 的《序》中对此的解释；对于我所提议的、我认为更优的其他文献列表，参见我于 D. 9 的《序》中关于 D. 9, 2 的部分，以及我于 D. 12. 中的《序》。

1，9；D. 3，1，1，10；D. 3，1，1，11；D. 3，1，3，2；
D. 3，1，3，1；D. 3，1，1，11 最后几词；D. 3，1，3pr. ；
D. 3，1，2；D. 3，1，3，3；D. 3，1，4；D. 3，1，5。被法
官禁止进行诉讼请求的人：D. 3，1，9；D. 3，1，6，1；
D. 3，1，8。可以进行诉讼请求的人：D. 3，1，10；D. 3，
1，11[1]。

3. 在判决的诸多效果中，关于带有民事性质的诉讼存
在着"不名誉"的资格[2]。公民的道德品质在社会层面甚
至法学层面（不论是私法领域还是公法领域）上都很重
要。对于公法领域，人们可以参考的最为重要的是"监察
官注释"[3]。对于民法，《十二铜表法》的 8，22 已经规定
了：在一项在先的行为中以证人或司秤的身份加入一桩铜
衡式交易的庄严行为，后于诉讼中拒绝证实曾经行使了该
职能的，这样的人被禁止以证人或司秤的身份再次加入铜
衡式交易的庄严行为中。接下来发生的是法律及裁判官告
示。古典法学对这些不同的禁止给出了专门的强调，并将
那些受到这种禁止的人们称为"不名誉者＝恶名者"。在
这里我们发现，这种资格专指在诉讼中代表他人，或让他
人在诉讼中代表自己，或在诉讼程序中给别人当证人的合

---

〔1〕 关于诉讼请求，另见 C. 2，6。

〔2〕 参见 U. Brasiello, 词条 *Infamia, in Novissimo Digesto italiano – NNDI*, Torino；A. Mazzacane, 词条 *Infamia（Dir. rom.）, in Enciclopedia del Diritto – ED*, Milano.

〔3〕 关于监察官，参见 G. Grosso：《罗马法史》，黄风译，1994；第二版 2014；F. De Martino, *Storia della costituzione romana*，薛军译，1，2009，章 12，§ 5.

法性。还有提起民众诉讼，即由民众中的任何一个成员为保护（民众的）公共利益而提起的诉讼（D. 47，23，4）。

说到对人的能力施加的资格限制，我认为值得强调的是 D. 3，2，6，1 中的无罪推定原则，即在得出明确、可核实的判决前推定无罪。根据该原则，如果判决（它使人承受"不名誉"的资格限制及相应的其他限制）被提起上诉，或者该判决因上诉期限未过而尚未确定的，则尚不产生紧随着判决的、不名誉本身的效果[1]。

裁判官作出规定的文本有：D. 3，2，1pr. 。那些因不名誉的原因被开除出军队的人：D. 3，2，2，1；D. 3，2，2，2；D. 3，2，2，3；D. 3，2，2pr. 。那些曾在舞台上表演的人：D. 3，2，2，5；D. 3，2，3；D. 3，2，4pr. ；D. 3，2，4，1。那些从事拉皮条的人：D. 3，2，4，2；D. 3，2，4，3；D. 3，2，24。那些因诬告或渎职而被判罪的人：D. 3，2，4，4；D. 3，2，20；D. 3，2，15；D. 3，2，16；D. 3，2，17；D. 3，2，18；D. 3，2，19。那些在不名誉诉讼中被判不利的人：D. 3，2，4，5；D. 3，2，5；D. 3，2，6，3；D. 3，2，6，4；D. 3，2，6pr. ；D. 3，2，13，8；D. 3，2，6，5；D. 3，2，6，7；D. 3，2，7；D. 3，2，6，2；D. 3，2，14；D. 3，2，6，6；D. 3，2，6，1。在服丧之年内结婚的不名誉：D. 3，2，8；D. 3，2，11，4；D. 3，

---

[1] 很明显，这一例子仅仅是一条"总原则"的一个情况，其证明颇多。比如，同义的，参见 D. 28，1，13，2："如果一个人，因为＜带来无资格作证的＞死刑犯罪而被判罪，提出了上诉，并且在上诉未决的中间时间段，进行作证并于此情况下死亡，则他的证词有效"。

2，12；D. 3，2，13pr. ；D. 3，2，11，1；D. 3，2，11，
3；D. 3，2，11，2；D. 3，2，10pr. ；D. 3，2，10，1；
D. 3，2，25；D. 3，2，23；D. 3，2，11pr. ；D. 3，2，25，
1；D. 3，2，9pr. ；D. 3，2，9，1。双重婚约或重婚的不
名誉：D. 3，2，13，1；D. 3，2，13，2；D. 3，2，13，3；
D. 3，2，13，4。那些被判从事公役的人和那些被除名于
曾经身为其一员的阶层的人：D. 2，22。不招致不名誉的
诸多原因：D. 3，2，21；D. 3，2，13，5；D. 3，2，13，
7；D. 3，2，13，6[1]。

4. 下一章 D. 3. 3. 的主题，一如已经强调了的，习
惯上从法律行为的主当事人被一般的他人"替换"的
制度开始研究。这个"替换"首先涉及它的效果，这
一问题首先涉及"代理"问题，这在今天被区分为
"直接的"与"间接的"。前者是指，代理人的行为效
果直接归于其为之工作的被代理人；后者是指，代理人
的行为效果归于他自己，并通过另一项法律行为而转移
给被代理人。

在罗马法上，直接代理的用法是受限制的（为了将
其排除，人们习惯上引用 D. 44，7，11："我们所管理的
任何物，因为债产生于我们的一个合同，所以如果债不
始于我们的人格，则行为无效。因此，我们既不能订约、

---

〔1〕 关于不名誉，另外请见 Gai. 4，182（《盖尤斯法学阶梯》，黄风译，
北京，1996）；J. 4，13，11；J. 4，16pr. e 2；J. 4，18，2（《优士丁尼法学阶
梯》，徐国栋译，北京，1999）；C. 2，11。

购买、出售，也不能用'让使之有效的诉讼权归于他人'
的方式缔结任何债务")。对于此，人们可以简要而初步
地提及如下事实：通常被强调的是，法律意义上的家
庭——它包含了处于家父权下所有的人，既有自由人，
又有奴隶（D. 50，16，195，2 - 3）——弥补了根据原
则（该原则是：家父权力下的人开展的所有活动，在法
律上都被归于家父本人）开展活动的要求，即人们使得
家父可以被家子或奴隶所代理，因为后两者的行为被直
接归于家父，但不是依据"直接代理"的想法，而是根
据"家父对全家人与外人所发生的所有关系进行集权"
之想法[1]。这在特有产的巨大发展中也仍是对的，特有
产是家父名下财产的一部分，它被托付给一名家庭成
员——自由人或奴隶——来管理，但仍处于家父的所有
权之下，即使它与余下财产的关系对于第三人来说渐渐
地有了法律上的重要性[2]。

　　但是，在特别的情况下，家庭可能不能完成所有必
要的事，并受人干预，人们称其行为为"管理他人事
务"。

---

　　〔1〕 为了简单起见，只需读读 J. 2，9 中关于有那么一些人，人们通过他
们的交易行为而购买或转移财产或物品上的其他物权；J. 3，28 关于有那么一
些人，人们通过他们的行为获得一些债务。

　　〔2〕 这里不是研究这一论据及对特殊特有产对此原则的片面超越的场
合；关于特有产，大致参见由王莹莹负责的、正在翻译中的 D. 14 与 D. 15（另
见 Cod. 4，25；C. 4，26）。

接下来出现了诉诸"所有财产的代理人"的运用，他经常是被解放的奴隶，人们还允许他为其"被代理人"购买和行使占有，及替他时效取得；在这一形象之外，还产生了那种"被指定来管理单一事务的代理人"，这在大多数情况下是一桩诉讼的"诉讼代理人"，对此情况，Gai. 4，84 记载了委托。

于远方开展交易行为的必要性，增加了对家外人的使用，这些家外人像代理人那样依据委托管理事务。根据委托，被委托人有义务完成交易行为，而委托人有义务承担交易的全部后果，他就像直接代理人那样，不用对展开的行为作出任何解释，委托人还有义务补偿其费用与所受负担。但是后来，代理人与被委托人的区别减弱了，其减弱的背景是更广义的合意概念，以及在实践中越来越普遍的做法，即用一份写着一般内容的委托书，将自己的事务托付给第三方来管理[1]。但有时也出现这样一种情况，即一个自然人必须作为"直接代理人"起诉，即为了一个不能亲自起诉的、法律关系所归罪的中心，如民众或自治市；或者为了声称一个被他人主张处于奴役中的人为自由的；或者作为婴儿的保佐人（如果未成年人已经有能力起诉，则完成行为的是他自己，只不过伴着保佐人的帮助或授权）；神经错乱的家父的保佐人；等等（参见 Gai. 4，82；J. 4，10pr.）。

---

〔1〕　关于委托，参见 D. 17，1；另见 C. 4，35；J. 3，26。

关于"替换"，应当区分一般交易行为与特别诉讼程序行为。在诉讼法律程序行为中，伴有代理人（*cognitor*）的替换产生直接代理；而代理人是受委托人，即一个间接代理人。这一章中的论述，始于对一般的代理人的考虑，而这个一般的代理人——排除直接代理问题——是从其他角度被检视的。

除了现存于优士丁尼著作中的、流传至我们的文献文本顺序之外，另一份可能的文献文本顺序如下：

一般关于代理人的概念：D.3，3，1pr.。关于不同种类的事务代理人以及他们是如何被指定的：D.3，3，1，1；单纯一件事务的事务代理人或所有财产的事务代理人，他们的职能是什么：D.3，3，63；D.3，3，60；D.3，3，49；D.3，3，46，7；D.3，3，47；D.3，3，48。自由管理的代理人被允许做些什么事：D.3，3，58；D.3，3，59。事务代理人合同产生的诉讼是为了谁、针对谁：D.3，3，72；D.3，3，71；D.3，3，68；D.3，3，67。

关于诉讼代理人：D.3，3，1，2.（A）如何指定诉讼代理人：D.3，3，1，3；D.3，3，2；D.3，3，8，1；D.3，3，2，1；D.3，3，3；D.3，3，4。在哪些诉讼中可以指定代理人：D.3，3，40pr.；D.3，3，45，1；D.3，3，42pr.；D.3，3，42，1。（B）谁可以指定代理人：D.3，3，43，1；D.3，3，8pr.；D.3，3，33pr.；D.3，3，33，1；D.3，3，43；D.3，3，74。谁能被指定、谁不能被指定：D.3，3，42，3；D.3，3，42，4；D.3，3，42，

5；D. 3，3，8pr.（最末几词）；D. 3，3，54pr. ；D. 3，3，
41；D. 3，3，8，2；D. 3，3，57，1。可以指定几名代理
人：D. 3，3，31，2；D. 3，3，32；D. 3，3，31，1；
D. 3，3，42，6。(C) 成为原告代理人有哪些条件：D. 3，
3，56；D. 3，3，62；D. 3，3，57；D. 3，3，78，1；
D. 3，3，52；D. 3，3，53；D. 3，3，40，4；D. 3，3，
33，3；D. 3，3，33，4。在反诉的情况下以某人的名义发
起诉讼，为这人辩护的责任落在哪些代理人身上：D. 3，
3，35pr. ；D. 3，3，33，5；D. 3，3，70；D. 3，3，34；
D. 3，3，43，2。代理人不承担辩护的，招致何种惩罚：
D. 3，3，43，4。按照善良家父的判断，何为"辩护"：
D. 3，3，35，3；D. 3，3，36；D. 3，3，77；D. 3，3，
78；D. 3，3，37，1；D. 3，3，38。代理人为了哪些诉讼、
在什么情况下有义务为被反诉的原告辩护：D. 3，3，
37pr. ；D. 3，3，35，2；D. 3，3，D. 3，3，39pr. ；D. 3，
3，54，1。(D) 当原告代理人准备好满足人们能够要求他
的所有事情，那么初告是不是总有义务接受诉讼：D. 3，
3，73。(E) 人们要求被告的代理人或辩护人的事：D. 3，
3，51pr. ；D. 3，3，46，1；D. 3，3，43，6；D. 3，3，
44；D. 3，3，45pr. ；D. 3，3，8，3；D. 3，3，15pr. ；
D. 3，3，8，3；D. 3，3，14；D. 3，3，9；D. 3，3，10；
D. 3，3，11；D. 3，3，5；D. 3，3，6；D. 3，3，7；D. 3，
3，12；D. 3，3，13。(F) 被代理人所承担的诉讼的效果：
D. 3，3，66；D. 3，3，16；D. 3，3，64；D. 3，3，17pr. ；

D. 3，3，25pr. ；D. 3，3，17，1；D. 3，3，27pr. （最末几词）；D. 3，3，17，2；D. 3，3，18；D. 3，3，19；D. 3，3，20；D. 3，3，21；D. 3，3，22；D. 3，3，23；D. 3，3，24；D. 3，3，25，1；D. 3，3，25，2；D. 3，3，55；D. 3，3，25，3；D. 3，3，26；D. 3，3，27pr. ；D. 3，3，69；D. 3，3，46；D. 3，3，42，7；D. 3，3，51，1；D. 3，3，50。（G）在诉讼代理人与那个指定了他的人之间，从诉的管理中，相互地产生哪些诉讼：D. 3，3，42，2；D. 3，3，46，4；D. 3，3，46，5；D. 3，3，46，6；D. 3，3，42，2（在首句之后）。

5. 团体尚不构成"法人"，但同样是积极或消极法律关系之归责中心。阐释法人的教义概念，这问题有着极大的重要性。伴着这样的阐释，古代的方法被颠倒了，这种古代的方法是：将特定种类关系的所有权分配给单一类型的法律关系归责中心（比如，纪念死者的团体，它于《十二铜表法》的时代已经存在，并接纳自由人与奴隶，它有章程、共同的资金及自治的结构；或者比如，搁置的遗产或自治市；等等），或者甚至分配给被单独承认的每一个中心。通过对"法律主体"种类的构建，法人变成了这种"种类"当中的一"种"，奠定了使其与自然人一般地平等而无例外的技术基础。现代法上的法人于许多方面十分有用，但是，也慢慢形成一种类似"面纱"的东西，在这"面纱"后面所发生的事被认为是"私的"，这种事被认为是内部问题，并受到"隐私"保护，而这"隐私"拥有对违背"公共利益"需要之管理加以掩盖的风险，以至于人们也感觉到了超越法人的必要性，即越过它构建在自己周围的那堵墙，不过这种超越必须用合适的措施来进行，且对它的指导方针是摇摆的[1]。

为了使这些法律关系的归责中心能够完成交易法律行为和诉讼法律行为，有必要介入一名代理原告（actor），他为了他人利益而起诉，即为了人民的利益、为了市民共同体的利益。当涉及以任何团体的名义起诉时，被论述的是以下几点：什么是团体：D. 3，4，1pr.；D. 3，4，1，1；D. 3，4，2；D. 3，4，7，1；D. 3，4，7，2。团体是否能发起诉讼，及是否能针对团体发起诉讼：D. 3，4，7pr.；D. 3，4，9。谁能发起团体所能发起的诉讼；为了发起这些诉讼，如何指定原告，谁能被指定：D. 3，4，3；D. 3，4，4；D. 3，4，5；D. 3，4，6pr.；D. 3，4，6，1；D. 3，4，6，2；D. 3，4，6，3（最末几词）。为了发起诉讼或其他原因而被指定的代表人，关于他们应当遵循什么，以及关于这种代表人的弃

---

〔1〕 这里不是深入研究论据的场合。现代法典化开始时的民法典保留了（自然）人与法律关系归责中心的区别（例如，参见1804年《法国民法典》第7条及以下），但存在着法律归责中心（如第910条、第937条：医院等），而1942年《意大利民法典》，用第一卷的第1章与第2章创造了平行主义（关于自然人；关于法人）并于第11条及以下调整了它们。关于此主题，请参见R. Orestano, Il *"problema delle persone giuridiche" in diritto romano*, Torino, 1968；同上, *Azione, diritti soggettivi, persone giuridiche*, Bologna, 1978, 193 页及以下；P. Catalano, *Alle radici del problema delle "persone giuridiche"*, in 4, *Rassegna di Diritto civile*, 1983, 941 页及以下（相同的主题可以参看：同上, *Diritto e persone*, I, Torino, 1990, 163 页及以下）。

罢不用：D. 3，4，6，3；D. 3，4，10；D. 3，4，6，1
（最末几词）。在反诉的情况下谁能承担团体的辩护，以
及当无人辩护时会发生什么事：D. 3，4，1，3；D. 3，
4，1，2；D. 3，4，8。

6. 对于事务管理，我已经在上述关于代理人的评论
中略作提及。对他人事务的管理是一种债的渊源，它在
《盖尤斯法学阶梯》3，88ss. 中被忽略，但之后，从这当
中发源的诉讼被同一个盖尤斯作为诚信诉讼而加以记录
（Gai. 4，62），而管理本身也被提及，以作为债的诸多原
因中的典型渊源（D. 44，7，5pr. ）。优士丁尼时期的法
学家们使这一类型具有"准契约"的资格。

当一个人——即使利害关系人不知道他，他也没从利
害关系人那里收到任何委托——料理了其事务时，他管理
了他人的事务。这应当发生在满足特定要求的情况下：管
理应当是在结果有利于当事人的预期下被进行的，即便之
后该事务解决的结果不利于他也一样；管理者应当知道对
他人事务之管理。曾经被讨论过了的情况是：事务的所有
人禁止之，即使后来事务一样地被管理了，且结果有利于
他；优士丁尼的一则谕令否定保护被禁止的管理人，但存
在一则有名的塞维欧的文本——它是由他的学生阿尔菲诺
记录下来、被保罗引用并包括于《学说汇纂》当中的——

它支持相反的解决方案（D.3，5，20pr.）[1]。在任何情况下，事务之所有人对管理活动的认可，都使当初可能的条件缺失变得有效。

从这一类型当中，产生了事务所有人与事务管理人的相互债务，这债务类似于委托之债。因为管理人有义务完成其进行的活动，而如果这活动是法律活动，则管理人有义务将后果转移给利害关系人。而利害关系人有义务自己承担后果，并有义务补偿给管理人其在管理中所支付的费用与遭受的损害。

这一类型被用来调整代理人与事务所有人之间的关系，因为除非在特别的情况下，代理人无法被重新包括在委托之中，而实际上我们可以认为，在公元前1世纪，在不存在关于一桩特定交易的明示委托的情况下，管理事务之诉就被用来调整代理人与事务所有人之间的关系。因此法学家们经常将事务管理之诉比作一般诉讼，而将委托之诉比作特别诉讼，因为，首先被调整的是整体上发源于管理权的关系；其次是发源于委托的特别关系。

---

〔1〕我已经于我的一堂讲座上评注了这一文本。这堂讲座是2011年在长沙的湖南大学（出版中）为罗马法教授们开设的课程中进行的，我评注这一文本是将其作为例子来例证一条原则的"去语境化"和"重新语境化"，这个"重新语境化"很有创新且支持该原则自身的深层理性（ratio）。因为，这一文本在意大利被重新使用，它被用于日工与地主之间集体议价后的审判中，当时这议价还不受法律调整：一个没有参加过与议价有关的会议的地主，不愿接受结果，裁判官就诉诸塞维欧的这一文本，用来声称：尽管有着利害关系人的禁止，但它里面也有着管理事务的拘束力。地主们是拒绝管理的结果的，而裁判官不利于地主的决定于最高法院得到了确认。

然后，另一个问题是管理人的责任问题，因为在一些情况下责任被限于故意，但在其他情况下限制更广泛，并且似乎可归咎于过错[1]。

那些履行道德义务或出于慷慨而完成一项行为的人，不构成事务管理。

裁判官告示：D. 3，5，3pr.；D. 3，5，1。（A）双方通过管理事务而缔结的债务；为使两个人之间缔结管理事务之债，有什么要求；要求一个人管理了另一个人的事务：D. 3，5，6，4；D. 3，5，31，7；D. 3，5，6；D. 3，5，5，2；D. 3，5，5，3；D. 3，5，29；D. 3，5，5，11；D. 3，5，5，12；D. 3，5，5，13。事务必须在没有委托的情况下被完成：D. 3，5，5pr.；D. 3，5，18，2；D. 3，5，18，2；D. 3，5，5，7；D. 3，5，35；D. 3，5，31pr.；D. 3，5，3，11；D. 3，5，4；D. 3，5，45，1。管理事务必须不受主人反对：D. 3，5，7，3。事务必须是在供给他人利益的意图下被作出的：D. 3，5，5，5。管理人必须有着令事务被管理人承担义务之意图：D. 3，5，43；D. 3，5，26，1；D. 3，5，33；D. 3，5，5，8；D. 3，5，45pr.；D. 3，5，30，1；D. 3，5，5，1；D. 3，5，44，2；D. 3，5，5，10；D. 3，5，5，9；D. 3，5，48。（B）为产生管理事务之诉，应该管理谁的事务：D. 3，5，3，3；D. 3，5，3，4；D. 3，5，3，5；D. 3，5，18，5；D. 3，5，

---

[1] 事务管理一般地呈现在 1942 年《意大利民法典》中，它在 2028 条及以下被调整。

20pr.；D.3，5，19；D.3，5，11pr.；D.3，5，3，6；D.3，5，11，1。（C）谁的管理能缔结源于事务管理的债务：D.3，5，3，1；D.3，5，44，1；D.3，5，16；D.3，5，17；D.3，5，18pr.；D.3，5，18，1；D.3，5，36，2。（D）因为产生管理事务的相互债务，所以应当管理哪些事务、管理多少事务：D.3，5，3，2；D.3，5，5，4；D.3，5，42；D.3，5，3，8；D.3，5，31，1；D.3，5，28。

　　源于事务管理的债务中所产生的诉讼：D.3，5，2；D.3，5，4；D.3，5，46pr.；D.3，5，46，1；D.3，5，3，7；D.3，5，8；D.3，5，9pr.。（A）事务管理的直接诉讼：D.3，5，20，3；D.3，5，25；D.3，5，13。人们将管理事务的直接诉讼延伸至什么物、它是针对谁产生的；管理人应当归还其从被管理物中扣除的部分：D.3，5，47；D.3，5，22；D.3，5，7，1；D.3，5，30，3。管理人应当被判不利，以向事务所有人补偿其所造成的损害及因不良管理而失去的收益：D.3，5，5，14；D.3，5，7pr.；D.3，5，5，14（最末几词）；D.3，5，37；D.3，5，6；D.3，5，34pr.；D.3，5，7pr.（后半部分）；D.3，5，34，3；D.3，5，34，1；D.3，5，34，2；D.3，5，18，3；D.3，5，12；D.3，5，30，2；D.3，5，20，2。如果人们将情况归责于管理人：过错或仅仅故意：D.3，5，10；D.3，5，36，1；D.3，5，10（普罗库勒的观点）；D.3，5，3，9；D.3，5，3，10。（B）事务管理的反诉：

可以以此诉讼请求哪些费用：D.3，5，44pr.；D.3，5，
24；D.3，5，30，4。当人们认为费用被有益地作出：
D.3，5，9，1；D.3，5，21；D.3，5，36pr.；D.3，5，
14；D.3，5，15；D.3，5，11，2；D.3，5，20，1；
D.3，5，30pr.。被包含在这诉讼中的利息：D.3，5，18，
4。即使涉及有益地做出的费用，该诉讼何时中止：D.3，
5，7，2。

7. 本书的最后一章，是关于对那些收受钱财以进行或
不进行一项诉讼活动（诬告）——不论是私犯还是公
犯——的人们的裁判官保护。这方面的裁判官告示规定了
4倍的制裁或3倍于所收数额的制裁，或者，在一年后，
该数额本身的制裁[1]。

为使这告示起作用，有哪些要求：D.3，6，1pr.；
D.3，6，1，3；D.3，6，2；D.3，6，1，4；D.3，6，3，
2；D.3，6，1，1；D.3，6，7，2；D.3，6，1，3（第二
部分）；D.3，6，1，2；D.3，6，3，1。依此告示，谁能
发起诉讼、能对谁发起诉讼、能持续多久：D.3，6，3，
3；D.3，6，7；D.3，6，7，1；D.3，6，4；D.3，6，
5pr.；D.3，6，6。产生于此告示的诉讼，与哪些诉讼相
竞合：D.3，6，5，1；D.3，6，8。

---

〔1〕 另请参考 J.4，16，1；C.9，46 及 C.2，58 (59)，此处无法讨论我们
说的内容与 Gai. 4，174 ss <所讨论的内容> 的关系这一问题，在 Gai. 4，174 ss.
中涉及一种诉讼，可以在任何审判中主张 1/10 的部分（在自由权审判的情况下
是价值的1/3），其依据的前提是，这种主要审判的原告是违背了最正确的信息
而起诉的。

8. 最后，我很感激地指出，从拉丁文而来的译文是由来自中国政法大学的吴鹏博士完成的，校译是由腊兰博士（Dr. Lara Colangelo）完成的。本作系吴鹏博士于旅居罗马期间在罗马第二大学完成，他已于今年完成了博士研究生的学习，其博士论文是关于罗马法与中国法上的不名誉问题。本译作是按照"罗马法体系下的中国法典化和法学人才培养研究中心"的研究计划来开展与出版的，对此做出贡献的有：罗马第一大学、罗马第二大学、意大利国家科研委员会的人文与社会科学部、中国政法大学。本译著加入了《学说汇纂》各卷的拉丁文翻译计划，我们已经开始了该计划，并在此范围内实现了许多卷的出版。出版是在"罗马法体系下的中国法典化和法学人才培养研究中心"的支持下实现的。

桑德罗·斯奇巴尼
罗马第一大学罗马法教授
2015 年 10 月 20 日于罗马

凡 例

一、本书采用拉丁文与中文对照形式编排，拉丁文在左，中文居右。书中的拉丁文原文来源于意大利罗马第一大学桑德罗·斯奇巴尼教授主编的 "*IUSTINIANI AUGUSTI DIGESTA SEU PANDECTAE* (MILANO-DOTT. A. GIUFFRè EDITORE – 2007)" 一书。

二、拉丁文原文下方脚注中的 "Mo. – Kr." 是指 "*Corpus Iuris Civilis*, *Volumen Primum*, ···*Digesta*, *ricognovit Theodorus Mommsen*, *Retractavit Paulus Krueger* [*editio stereotypa duodecima*, 1911], rist. Hildesheim, 2000" 一书。

三、拉丁文原文下方脚注中的 "Mo. ed. maior" 是指 "*Digesta Iustiniani Augusti recognovit*, *adsumpto in operis societatem Paulo Kruegerio*, *Th. Mommsen*, Berlin, 1868 – 1870 (rist. Goldbach, 2001)" 一书。

四、拉丁文原文下方脚注中的 "Hal." 是指 "*Digestorum seu Pandectarum iuris civilis libri quinquaginta*, *nunc primum ad fidem Pandectarum Florentinarum sexcentis loci emendati*, *supra Gregorij Haloandri editionem*, Parisiis, 1548"

一书。

五、拉丁文原文下方脚注中的"Ed. Mil."是指"*Digesta Iustiniani Augusti, recognoverunt et ediderunt P. Bonfante, C. Fadda, C. Ferrini, S. Riccobono, V. Scialoia iuris antecessores, Mediolani*, 1931"一书。

六、为了中文读者阅读及引用方便，译者将拉丁文片段用"D""pr."和阿拉伯数字进行了重新标示，如"D. 3, 1, 1pr.""D. 3, 1, 1, 1"等。

七、优士丁尼《学说汇纂》的原始文献中并无标点，此书拉丁文中的标点皆为法史鸿儒蒙森所加。为了照顾中文的表达习惯，译文中的标点与拉丁文中的标点不尽对应。

八、部分片段结尾处用的是逗号、冒号或分号等不是表示句子完结的标点，甚至可能没有任何标点，乃是因为它们与下一片段关系密切，共同构成一个完整的论述。

九、拉丁文脚注中"＜＞"里的内容，是相对于其他版本，斯奇巴尼版本所增加的字母或单词。

十、拉丁文脚注中"[ ]"里的内容，是相应版本中被删除的字母或单词。

十一、拉丁文脚注中"┌┐"里的内容，是其他版本中被替换的字母或单词。

十二、译文中"( )"里的内容，要么是对拉丁文原文固有内容的翻译，要么是为了便于读者理解，有必要放于其中的拉丁文专有名词，如"消费借贷（mutuum）"。

十三、译文中"【 】"里的内容，是译者为了文义的明确或者文气的贯通而做的"添加"。

十四、文中人名、地名原则上按照拉丁文音译，除非已有通常译法，不宜另起炉灶，如"乌尔比安""保罗""罗马"等。法律术语之翻译，则多从斯学先达，未敢擅自发明。

译　者

2015 年 10 月 22 日

目　录

INDEX

优士丁尼学说汇纂

第三卷

起诉的问题与基本制度

IUSTINIANI AUGUSTI DIGESTA
SEU PANDECTAE

LIBER III

SI ACTIONE EXPERIATUR

I

DE POSTULANDO

D. 3, 1, 1pr. *Ulpianus libro sexto ad edictum*

Hunc titulum praetor proposuit habendae rationis causa suaeque dignitatis tuendae et decoris sui causa, ne sine delectu passim apud se postuletur.

D. 3, 1, 1, 1

Eapropter tres fecit ordines: nam quosdam in totum prohibuit postulare, quibusdam vel pro se permisit, quibusdam et pro certis dumtaxat personis et pro se permisit.

D. 3, 1, 1, 2

Postulare autem est desiderium suum vel amici sui in iure apud eum, qui iurisdictioni praeest, exponere: vel alterius desiderio contradicere.

第一章
关于诉讼请求

D. 3, 1, 1pr. 乌尔比安,《告示评注》第 6 卷

裁判官在《告示》中插入这一标题,目的在于使问题符合理性和保存他自己的尊严和庄重,防止人们随便地、任意地向他作出诉讼请求。

D. 3, 1, 1, 1

为此目的,裁判官确立了三类划分,那就是:那些被他禁止作出任何诉讼请求的人;那些被他许可,仅仅为自己的利益而作出诉讼请求的人;以及那些被他许可,为自己的及某些特定的他人之利益作出诉讼请求的人。

D. 3, 1, 1, 2

在法庭上的"诉讼请求",是指在有管辖权的官员面前,陈述某人自己的诉请,或者他的朋友的诉请,或者反对他人的诉请。

D. 3, 1, 1, 3

Initium autem fecit praetor ab his, qui in totum prohibentur postulare. in quo edicto aut pueritiam aut casum excusavit. pueritiam: dum minorem annis decem et septem, qui eos non in totum complevit, prohibet postulare, quia moderatam hanc aetatem ratus est ad procedendum in publicum, qua aetate aut paulo maiore fertur Nerva filius et publice de iure responsitasse. propter casum surdum qui prorsus non audit prohibet apud se postulare: nec enim erat permittendum ei postulare, qui decretum praetoris exaudire non poterat, quod etiam ipsi erat periculosum futurum: nam non exaudito decreto praetoris, quasi non obtemperasset, poena ut contumax plecteretur.

D. 3, 1, 1, 4

Ait praetor: 'Si non habebunt advocatum, ego dabo. ' nec solum his personis hanc humanitatem praetor solet exhibere, verum et si quis alius sit, qui certis ex causis vel ambitione adversarii vel metu patronum non invenit.

D. 3, 1, 1, 3

裁判官从那些被绝对禁止向他作出诉讼请求的人开始。在这个告示中，他指向了那些因为年轻或者身体残疾而被他免除的人。当一方不足 17 岁时，他以年轻为理由，禁止该方作出请求，原因是裁判官认为该年龄 <即 17 岁> 才适合公开露面（据说，小涅尔瓦也就是在这个年纪或者稍微晚一些就法律问题公开地发表观点）。

关于身体残疾，裁判官禁止完全听不见的聋子向其作出诉请。事实上，没人能允许一个听不见裁判官法令的人向法庭作出诉请，因为这对他自己来说，可能是危险的。事实上，听不见裁判官的法令，会因"反抗法院命令"而被惩罚，如同自己没有遵守 <裁判官的法令> 时那样。

D. 3, 1, 1, 4

裁判官说道："如果各方没有律师，那我会给他们指定一个律师。"裁判官不仅仅习惯于向这样的人展现他的仁慈，同样，当任何人因为特定的原因而无法获得律师时，比如因为对手的诡计或者出于对律师的恐惧，裁判官也会这样做。

D. 3, 1, 1, 5

Secundo loco edictum proponitur in eos, qui pro aliis ne postulent: in quo edicto excepit praetor sexum et casum, item notavit personas in turpitudine notabiles. sexum: dum feminas prohibet pro aliis postulare. et ratio quidem prohibendi, ne contra pudicitiam sexui congruentem alienis causis se immisceant, ne virilibus officiis fungantur mulieres: origo vero introducta est a Carfania improbissima femina, quae inverecunde postulans et magistratum inquietans causam dedit edicto. casum: dum caecum utrisque luminibus orbatum praetor repellit: videlicet quod insignia magistratus videre et revereri non possit. refert etiam Labeo Publilium caecum Asprenatis Noni patrem aversa sella a Bruto destitutum, cum vellet postulare. quamvis autem caecus pro alio postulare non possit, tamen et senatorium ordinem retinet et iudicandi officio fungitur. numquid ergo et magistratus gerere possit? sed de hoc deliberabimus. exstat quidem exemplum eius, qui gessit: Appius denique Claudius caecus consiliis publicis intererat et in senatu severissimam dixit sententiam de Pyrrhi captivis. sed melius est, ut dicamus retinere quidem iam coeptum magistratum posse, adspirare autem ad novum penitus prohiberi: idque multis comprobatur exemplis.

D. 3，1，1，5

其次，指向了那些不能为他人作出诉讼请求的人：在这一告示中，裁判官包括了那些因为性别、身体残疾而被排除的人，同样他还提到了那些因为下流行为而可能受到<不名誉>记过的人。以性别为理由，他禁止妇女为他人作出诉讼请求，这一禁止的目的是防止她们介入他人的案件，这是与她们稳重的性别相反的，并为了使妇女不行使属于男人的职责。这<限制>源于一个叫卡法尼娅的人，这是个极端无耻的女人，她对待官员时的厚颜无耻和冒犯促生了此法令。以身体残疾作为理由，裁判官拒绝双眼全盲的男人作出诉请，显然因为他不能看见官员的徽章并对其表示尊敬。拉贝奥说，盲人普布里乌斯，阿斯普瑞那斯·诺尼乌斯之父，当他站在布鲁图斯的椅子后面要求作出诉请的时候，布鲁图斯拒绝作听。但是，虽然盲人不能出庭为他人作出诉讼请求，他仍然可以保有其作为元老院阶层的尊严，并能行使其作为法官的职权。那么他是不是也能担任官员的职务呢？我们将会考虑这一情况。有一个确定的例子是关于有人担任了官员职务的，因为阿庇乌斯·克劳狄乌斯，一个盲人，出现在公共议会并且在元老院中发表了关于从派鲁斯夺来的囚犯的非常严厉的观点。更好的说法是，盲人可以保有已经取得了的官员职务，但应当被禁止追求新的官员职务。这已经被许多例子所肯定。

D. 3, 1, 1, 6

Removet autem a postulando pro aliis et eum, qui corpore suo muliebria passus est. si quis tamen vi praedonum vel hostium stupratus est, non debet notari, ut et Pomponius ait. et qui capitali crimine damnatus est, non debet pro alio postulare. item senatus consulto etiam apud iudices pedaneos postulare prohibetur calumniae publici iudicii damnatus. et qui operas suas, ut cum bestiis depugnaret, locaverit. bestias autem accipere debemus ex feritate magis, quam ex animalis genere: nam quid si leo sit, sed mansuetus, vel alia dentata mansueta? ergo qui locavit solus notatur, sive depugnaverit sive non: quod si depugnaverit, cum non locasset operas suas, non tenebitur: non enim qui cum bestiis depugnavit, tenebitur, sed qui operas suas in hoc locavit. denique eos, qui virtutis ostendendae causa hoc faciunt sine mercede, non teneri aiunt veteres, nisi in harena passi sunt se honorari: eos enim puto notam non evadere. sed si quis operas suas locaverit, ut feras venetur, vel ut depugnaret feram quae regioni nocet, extra harenam: non est notatus. his igitur personis, quae non virtutis causa cum bestiis pugnaverunt, pro se praetor permittit allegare, pro alio prohibet. sed est aequissimum, si tutelam vel curam huiusmodi personae administrent, postulare eis pro his, quorum curam gerunt, concedi. qui adversus ea fecisse monstretur, et pro aliis interdicta postulatione repellitur et pro aestimatione iudicis extra ordinem pecuniaria poena multabitur.

D. 3，1，1，6

他同样禁止鸡奸者为他人利益而作出诉请。然而，如彭波尼所言，如果该人是被盗贼或者敌人所侵犯，则他不应该受到 < 行为下流的 > 记过。被判死罪的人也不能为他人利益而作出诉请。同样，根据一项元老院决议，在法庭上被判虚假诉讼的人，被禁止为他人作出诉讼请求，即使是在更低管辖权的法庭。同样，以搏斗 < 凶猛的 > 野兽为生的人也不许为他人利益而作出诉请。我们应当理解，"野兽"一词是用于形容动物的凶猛程度，而不在于动物的种类；事实上，如果涉及的是一只狮子，但其已经驯服，或者是另外一种会咬人的野兽，但已经驯服，那又有什么要紧？因此，以搏斗野兽为生的人会被处以 < 行为下流的 > 记过，无论他是否搏斗野兽；因为，如果他曾与猛兽搏斗，但并非以此谋生，则他并没有责任；事实上，被认为有责任的不是与猛兽搏斗，而是以此作为营生。简言之，古代的法学家们说，那些为表现勇气而不取报酬地这样做的人是无责任的；除非他们同意在竞技场内受奖赏。事实上我认为，他们不能逃脱 < 行为下流的 > 记过处罚。但是，任何以打猎猛兽谋生的人，或者在竞技场外、与为害一方的猛兽搏斗的人，不受记过处罚；因此裁判官允许那些为表现勇气而与猛兽搏斗的人为自己的利益而作出诉讼请求，但是禁止他们为他人利益作出诉讼请求。然而，允许这些人在行使监护或保佐时，为了自己正在处理的他人事务而出庭作出诉讼请求，这是再合理不过了。任何人违反经告示的这个条款的，一方面会因为被禁止为他人作出诉讼请求而被拒绝，另一方面还会以非正式的程序被处以财产处罚。

D. 3, 1, 1, 7

Ut initio huius tituli diximus, tres ordines praetor fecit non postulantium: quorum hic tertius est, quibus non in totum denegat postulandi facultatem, sed ne pro omnibus postularent: quasi minus deliquerint quam hi qui superioribus capitibus notantur.

D. 3, 1, 1, 8

Ait praetor: 'Qui lege, plebis scito, senatus consulto, edicto, decreto principum nisi pro certis personis postulare prohibentur: hi pro alio, quam pro quo licebit, in iure apud me ne postulent.' hoc edicto continentur etiam alii omnes, qui edicto praetoris ut infames notantur, qui omnes nisi pro se et certis personis ne postulent.

D. 3, 1, 1, 9

Deinde adicit praetor: 'Qui ex his omnibus, qui supra scripti sunt, in integrum restitutus non erit.' 'eum qui ex his, qui supra scripti sunt' sic accipe: si fuerit inter eos, qui tertio edicto continentur et nisi pro certis personis postulare prohibentur: ceterum si ex superioribus, difficile in integrum restitutio impetrabitur.

D. 3，1，1，7

正如我们在本章的开头所说的，裁判官将不能出现在法庭上的人划分为三类，其中第三类是指那些裁判官在整体上并不否认他们出庭的权利，但裁判官说他们不能为任何人的利益而出庭的人，这类人比上述两类人的罪恶要小一些。

D. 3，1，1，8

裁判官说："那些被法律、平民大会决议、元老院法令、告示或者敕令所禁止作出诉讼请求的人，除非是代表特定的人的利益，不许出现在我的法庭上为许可以外的人作出诉讼请求。"在这则告示中还包括其他所有受到裁判官告示的不名誉记过的人，这些人除了为自己或者专门罗列的他人利益之外，被禁止作出诉讼请求。

D. 3，1，1，9

然后裁判官补充说："在上述所有的人当中，如果一个人违反规定作出诉请，则他不能恢复原状。"一个被包含于"上述所有的人"的人，是指处于告示＜第三条＞之下，而且不受"除非是为特定的人的利益，否则禁止作出诉请"这种禁止；此外，如果他被包括在＜告示中＞之前的条款之下，则很难获得恢复原状。

D. 3, 1, 1, 10

De qua autem restitutione praetor loquitur? utrum de ea quae
a principe vel a senatu? Pomponius quaerit: et putat de ea restitutione sensum, quam princeps vel senatus indulsit. an autem et
praetor restituere possit, quaeritur: et mihi videtur talia praetorum
decreta non esse servanda, nisi sicubi ex officio iurisdictionis suae
subvenerunt: ut in aetate observatur, si quis deceptus sit, ceteris-
que speciebus quas sub titulo de in integrum restitutione exse-
quemur. pro qua sententia est, quod si quis famoso iudicio condemnatus per in integrum restitutionem fuerit absolutus, Pomponius putat hunc infamia eximi.

D. 3, 1, 1, 11

Deinde adicit praetor: ' pro alio ne postulent praeterquam pro
parente, patrono patrona, liberis parentibusque patroni patro-
nae ' : de quibus personis sub titulo de in ius vocando plenius
diximus. Item adicit: ' liberisve suis, fratre sorore, uxore, socero
socru, genero nuru, vitrico noverca, privigno privigna, pupillo
pupilla, furioso furiosa, '

D. 3, 1, 2 *Gaius libro primo ad edictum provinciale*

' fatuo fatua ' : cum istis quoque personis curator detur.

D. 3, 1, 1, 10

彭波尼问，裁判官指的是哪种恢复原状？是皇帝批准的恢复原状还是元老院批准的恢复原状？他的观点是，二者中的任何一个都可以。然后问题产生了，裁判官能否批准恢复原状？在我看来，裁判官的这样的<恢复原状>法令<无效且>不应该被遵守，除非它构成了他的管辖权职责的一部分；正如在未成年的情况下、在有人被蒙骗的情况下，以及我们将在标题"关于恢复原状的规定"下涉及的其他情况下。与此观点相一致的是，当有人被判不名誉的罪行，而这判决被恢复原状所撤销时，彭波尼认为，他免于不名誉。

D. 3, 1, 1, 11

裁判官补充道："他们不能为他人利益而作出诉请，除非是为了直系尊亲属、为了他们的庇主、为了他们的女庇主、为了他们的孩子们、为了他们庇主或女庇主的直系尊亲属"；即我们在标题"关于传唤"下更仔细地讨论过的那些人。他还补充说："或者是为了他们的后代、兄弟、姐妹、妻子、岳父岳母、女婿媳妇、继父继母、继子继女、男性或女性被保护人或者是一个或男或女的精神病人。"

D. 3, 1, 2 盖尤斯，《行省告示评注》第 1 卷

"或者是为了一个男的或女的智障者"，在保佐人也被给予这样的人以后。

D. 3, 1, 3pr. *Ulpianus libro sexto ad edictum*

' Cui eorum a parente, aut de maioris partis tutorum sententia, aut ab eo cuius de ea re iurisdictio fuit ea tutela curatiove data
erit. '

D. 3, 1, 3, 1

Adfinitates non eas accipere debemus, quae quondam fuerunt, sed praesentes.

D. 3, 1, 3, 2

Item Pomponius nurus et generi appellatione et soceri et socrus et ulteriores, quibus pro praepositio solet accedere, contineri
ait.

D. 3, 1, 3, 3

In curatoribus debuisse eum adicere: muti ceterorumque,
quibus dari solent, id est surdo prodigo et adulescenti:

D. 3, 1, 4 *Paulus libro quinto ad edictum*

item quibus propter infirmitatem curatorem praetor dare solet,

D. 3，1，3pr. 乌尔比安，《告示评注》第 6 卷

"当监护或保佐被一名直系尊亲属，或监护人的多数，或对此事有管辖权的官员分派给这样的人时。"

D. 3，1，3，1

当提及姻亲时，我们不能理解为是事先存在的姻亲，而是在当时存在的姻亲。

D. 3，1，3，2

彭波尼说，儿媳、女婿、岳父、岳母这些统称，旨在包括那些比介词 "pro"[1] 一般所指代含义更深远的程度。

D. 3，1，3，3

关于保佐人，他应该还添加了那些哑的人，还有那些习惯上被指派保佐人的人，即聋的人、挥霍的人、不满 25 岁的未成年人。

D. 3，1，4 保罗，《告示评注》第 5 卷

同样还有那些，因为健康原因，习惯上由裁判官指派保佐人的人。

---

〔1〕 通过加上介词 "pro–" 所指代的更远的亲戚。拉丁文中，比前述的 nurus et generi appellatione et soceri et socrus 更远的亲属关系单词一般以前置词 pro–开头。

D. 3, 1, 5 *Ulpianus libro nono ad edictum*

et qui negotiis suis aliquo perpetuo morbo superesse non possunt.

D. 3, 1, 6 *Idem libro sexto ad edictum*

Puto autem omnes, qui non sponte, sed necessario officio funguntur, posse sine offensa edicti postulare, etiamsi hi sint, qui non nisi pro se postulare possunt. 1. Si quis advocationem praestare fuerit prohibitus, si quidem apud se, ut solent facere, tempore magistratus sui, puto eum postea apud successorem eius adesse se.

D. 3, 1, 7 *Gaius libro tertio ad edictum provinciale*

Quos prohibet praetor apud se postulare, omnimodo prohibet, etiamsi adversarius eos patiatur postulare.

D. 3, 1, 8 *Papinianus libro secundo quaestionum*

Imperator Titus Antoninus rescripsit eum, cui advocationibus in quinquennio interdictum esset, post quinquennium pro omnibus postulare non prohiberi. divus quoque Hadrianus rescripserat de exilio reversum postulare posse. nec adhibetur distinctio, quo crimine silentium vel exilium sit irrogatum, ne scilicet poena tempore determinata contra sententiae fidem ulterius porrigatur.

D. 3，1，5 乌尔比安，《告示评注》第 9 卷

同样还有那些，因为长期疾病，无力处理自己的事务的人。

D. 3，1，6pr. 乌尔比安，《告示评注》第 6 卷

我的观点是，那些并非自愿、但是出于必要而行使其职责的人，可以作出诉讼请求而不违反告示，即使他们属于只能为自己的利益而作出诉讼请求的人。

D. 3，1，6，1

当任何人被禁止以律师身份出现于法庭上，如果如同经常发生的那样，这＜禁止＞与官员管辖期限有关的话，我认为之后他可以对此官员的继任者这样做。

D. 3，1，7 盖尤斯，《行省告示评注》第 3 卷

当裁判官禁止一个人诉请时，这一禁止是绝对的，即使此人的对方同意他诉请也无济于事。

D. 3，1，8 帕比尼安，《问题集》第 2 卷

提图斯·安东尼努斯皇帝在一则批复中说道：那些被禁止在 5 年期限内从事律师职业的人，在 5 年期限过后，不被禁止为任何他人的利益作出诉请。神圣的哈德良皇帝也在一则批复中说道，一个人可以在流放归来后，作出诉请。这对于那些被判禁止从事律师职业和流放的罪行来说，没有任何区别；这肯定是为了避免在刑罚的时间到期之后，它又以违反判决的方式，被进一步延长。

D. 3, 1, 9 *Idem libro primo responsorum*

Ex ea causa prohibitus pro alio postulare, quae infamiam non irrogat ideoque ius pro omnibus postulandi non aufert, in ea tantum provincia pro aliis non recte postulat, in qua praeses fuit qui sententiam dixit, in alia vero non prohibetur, licet eiusdem nominis sit.

D. 3, 1, 10 *Paulus libro singulari regularum*

Hi qui fisci causas agunt suam vel filiorum et parentium suorum vel pupillorum quorum tutelas gerunt causam et adversus fiscum agere non prohibentur. decuriones quoque contra patriam suam causas agere prohibentur, praeter superiores personas.

D. 3, 1, 11 pr. *Tryphoninus libro quinto disputationum*

A principe nostro rescriptum est non prohiberi tutorem adesse pupillo in negotio, in quo advocatus contra patrem eius fuisset. sed et illud permissum ab eo est agere tutorem pupilli causam adversus fiscum, in qua adversus patrem pupilli antea advocatus fisci fuisset.

D. 3, 1, 11, 1

Qui autem inter infames sunt, sequenti titulo explanabitur.

D. 3，1，9 帕比尼安，《解答集》第 1 卷

当一个人被禁止为他人利益作出诉请，而禁止的理由因不暗示着不名誉而未剥夺其为所有人作出诉请的权利，则他只能在那个宣告判决的官员所主管的行省才能被合法地剥夺为他人诉请的权利；而他在其他行省并不被禁止，即使他有着一样的名字。

D. 3，1，10 保罗，《规则集》

那些为了国库的利益而起诉的人，不被禁止为他们自己、为他们的孩子、为父母、为他们有职责保护的人来起诉，即使这个案件是反对国库的也一样。地方元老也被禁止发起针对他自己的市镇的诉讼，除非是为了之前提过的那些人。

D. 3，1，11pr. 特里芬尼鲁斯，《论断集》第 5 卷

我们的皇帝在一则批复中说道，不禁止监护人在反对被监护人父亲的诉讼中以律师身份协助被监护人。皇帝还允许他为被监护人而起诉国库；即使他之前曾经在诉讼中作为国库的律师而起诉他的被监护人的父亲。

D. 3，1，11，1

在下一章，将明确那些受到不名誉记过的人。

II
DE HIS QUI NOTANTUR INFAMIA

D. 3, 2, 1 *Iulianus libro primo ad edictum*

Praetoris verba dicunt: 'Infamia notatur qui ab exercitu ignominiae causa ab imperatore eove, cui de ea re statuendi potestas fuerit, dimissus erit: qui artis ludicrae pronuntiandive causa in scaenam prodierit: qui lenocinium fecerit: qui in iudicio publico calumniae praevaricationisve causa quid fecisse iudicatus erit: qui furti, vi
bonorum raptorum, iniuriarum, de dolo malo et fraude suo nomine
damnatus pactusve erit: qui pro socio, tutelae, mandati, depositi suo
nomine non contrario iudicio damnatus erit: qui eam, quae in potestate eius esset, genero mortuo, cum eum mortuum esse sciret, intra
id tempus, quo elugere virum moris est, antequam virum elugeret, in
matrimonium collocaverit: eamve sciens quis uxorem duxerit non iussu eius, in cuius potestate est: et qui eum, quem in potestate haberet, eam, de qua supra comprehensum est, uxorem ducere passus
fuerit: quive suo nomine non iussu eius in cuius potestate esset,
eiusve nomine quem quamve in potestate haberet bina sponsalia bi-
nasve nuptias in eodem tempore constitutas habuerit. '

第二章
关于那些受到不名誉记过的人

D. 3，2，1 尤里安，《告示评注》第 1 卷

裁判官说："受到不名誉记过的人是：因为耻辱而被皇帝或者其他有权决定此类事务的权威从军队中解职的人；为表演或者演戏而登台的人；拉皮条的人；因诽谤或滥用职权在公诉中被判有罪的人；在盗窃、抢劫、<针对人身的>侵辱、诈欺或欺骗<案件的裁判中>以自己的名义被判罪或者和解的人；在合伙、监护、委托、寄存<案件裁判中>以这些罪名而不是基于反诉被判罪的人；女婿死后，明知其女婿死亡，而其女系其家父权下之寡妇，未满风俗所要求的服丧期限就将女儿嫁出的人；未获其自身所处之父权的家父同意，明知寡妇未满服丧期而娶之的男人；知道上述情形，仍然允许其<家子>娶入这样的寡妇的家父；以及以自身名义而非所处父权之命令或以其父权下家子或家女的名义，同时缔结两个婚约或者两场婚礼的人。"

D. 3, 2, 2pr. *Ulpianus libro sexto ad edictum*

Quod ait praetor: 'qui ab exercitu dimissus erit' : dimissum accipere debemus militem caligatum, vel si quis alius usque ad centurionem, vel praefectum cohortis vel alae vel legionis, vel tribunum sive cohortis sive legionis dimissus est. hoc amplius Pomponius ait etiam eum, qui exercitui praeest, licet consularibus insignibus utitur, ignominiae causa ab imperatore missum hac nota laborare: ergo et si dux cum exercitui praeest dimissus erit, si[1] princeps dimiserit et adiecerit ignominiae causa se mittere, ut plerumque facit, non dubitabis et ex edicto praetoris eum infamia esse notatum: non tamen si citra indignationem principis successor ei datus est.

D. 3, 2, 2, 1

Exercitum autem non unam cohortem neque unam alam dicimus, sed numeros multos militum: nam exercitui praeesse dicimus eum, qui legionem vel legiones cum suis auxiliis ab imperatore commissas administrat: sed hic etiam eum, qui ab aliquo numero militum missus est, quasi ab exercitu missum sic accipiemus.

---

[1]   (notatur, et), vd. Mo. – Kr. , nt. 19.

D.3，2，2pr.　乌尔比安，《告示评注》第6卷

至于裁判官所说的"从军队中解职的人"；我们应当理解为，解职的是普通士兵，或者是任何上至百夫长级别的人，或者是队列的、一翼的、军团的军事长官，或者是一个既是队列的、又是军团的步兵军官。彭波尼更进一步地声称，可以受到此种记过的人甚至包括佩戴执政官徽章的军队首领，只要他因耻辱的原因而被皇帝逐出军队；因此，即使是作为军队首脑的指挥官被逐出军队，如果皇帝驱逐他时附加了耻辱的驱逐理由，就像大多数情况那样，那你不用怀疑，他一定会被裁判官的法令处以不名誉记过；但在皇帝未加责备，而是派出＜军队长官＞继任者的情况下，他不会被处以不名誉记过。

D.3，2，2，1

"军队"指的不是单一的队列，或者一个侧翼，而是许多个士兵部门；因此，当一个人指挥着皇帝分派给他的一个或多个军团及其附属的时候，我们说他是军队的长官；但是，在此告示中，当一个人从特定士兵部门被解职时，我们必须理解，他是被驱逐出了军队。

D. 3, 2, 2, 2

'Ignominiae causa missum' : hoc ideo adiectum est, quoniam multa genera sunt missionum. est honesta, quae emeritis stipendiis vel ante ab imperatore indulgetur: est causaria, quae propter valetudinem laboribus militiae solvit: est ignominiosa. ignominiosa autem missio totiens est, quotiens is qui mittit addidit nominatim ignominiae causa se mittere. semper enim debet addere, cur miles mittatur. sed et si eum exauctoraverit, id est insignia militaria detraxerit, inter infames efficit, licet non addidisset ignominiae causa se eum exauctorasse. est et quartum genus missionis, si quis evitandorum munerum causa militiam subisset: haec autem missio existimationem non laedit, ut est saepissime rescriptum.

D. 3, 2, 2, 3

Miles, qui lege Iulia de adulteriis fuerit damnatus, ita infamis est, ut etiam ipsa sententia eum sacramento ignominiae causa solvat.

D. 3, 2, 2, 4

Ignominia autem missis neque in urbe neque alibi, ubi imperator est, morari licet.

D. 3, 2, 2, 2

"基于耻辱离开军队"这个短语的存在是因为，退伍的方式有若干种，其中一种是经由皇帝同意的光荣退伍，此时其服役期满或者虽未期满但获得皇帝的宽纵；另外一种是士兵因为健康原因而被免于兵役；此外还有耻辱的开除。当下令开除者明白无误地表示，开除是由于不名誉的原因所致时，此为耻辱的开除。事实上，＜下令开除者＞总是需要说明为何一个士兵被开除。但是当下令者罢免一个士兵，即剥夺了他的军衔时，该士兵就受到不名誉记过，即使下令者没有加上"因不名誉原因而罢免"这几个字也一样。还有第四种解职，是指当一个人为了避免履行公职而加入军队，但这种并不影响名誉，正如曾于君主批复中被反复陈述过的那样。

D. 3, 2, 2, 3

根据《尤里亚反通奸法》，被判有罪的士兵会受到不名誉记过，这种不名誉到了这样的一个程度，以至于判决本身由于耻辱而将他解除于从军的誓愿。

D. 3, 2, 2, 4

那些因耻辱而被逐出军队的人，不允许居住在罗马城中，也不允许居住在皇帝所在的其他地方。

D. 3, 2, 2, 5

Ait praetor: 'qui in scaenam prodierit, infamis est' . scaena est, ut Labeo definit, quae ludorum faciendorum causa quolibet loco, ubi quis consistat moveaturque spectaculum sui praebiturus, posita sit in publico privatove vel in vico, quo tamen loco passim homines spectaculi causa admittantur. eos enim, qui quaestus causa in certamina descendunt et omnes propter praemium in scaenam prodeuntes famosos esse Pegasus et Nerva filius responderunt.

D. 3, 2, 3 *Gaius libro primo ad edictum provinciale*

Qui autem operas suas locavit, ut prodiret artis ludicrae causa neque prodit, non notatur: quia non est ea res adeo turpis, ut etiam consilium puniri debeat.

D. 3, 2, 4pr. *Ulpianus libro sexto ad edictum*

Athletas autem Sabinus et Cassius responderunt omnino artem ludicram non facere: virtutis enim gratia hoc facere. et generaliter ita omnes opinantur et utile videtur, ut neque thymelici neque xystici neque agitatores nec qui aquam equis spargunt ceteraque eorum ministeria, qui certaminibus sacris deserviunt, ignominiosi habeantur.

D. 3, 2, 2, 5

裁判官宣称："登上舞台表演的人，会被处以不名誉记过"。舞台，正如拉贝奥所定义，指为了进行表演而被设置于或公共、或私人、或在乡下的任何场所，人们为了自我展示而在舞台上露面或者移动，总之，舞台是一种以模糊的方式允许公众观看表演的地方。此外，贝伽苏斯和小涅尔瓦在回复中说，遭到不名誉记过的，还包括那些以挣钱为目的而参加比赛的人，以及为了追逐奖项而登台表演的人。

D. 3, 2, 3, 3 盖尤斯，《行省告示评注》第 1 卷

以舞台职业为生但未登台表演的，不受不名誉记过处罚，因为这里所涉及的行为并没有下流到连意图都须要惩罚的程度。

D. 3, 2, 4pr. 乌尔比安，《告示评注》第 6 卷

萨宾和卡修斯答复说，运动员不被认为是在进行表演。事实上，他们这么做是为了展示其自身的英勇。一般来说，大家都这么想，不将合唱队员、体操运动员、战车驾驭者视为耻辱的似乎是妥当的，同样还有那些洗马者或者在神圣的比赛中承担其他职责的人。

D. 3, 2, 4, 1

Designatores autem, quos Graeci *brabeut* | *j* appellant, artem ludicram non facere Celsus probat, quia ministerium, non artem ludicram exerceant. et sane locus iste hodie a principe non pro modico beneficio datur.

D. 3, 2, 4, 2

Ait praetor: ʻqui lenocinium feceritʼ . lenocinium facit qui quaestuaria mancipia habuerit: sed et qui in liberis hunc quaestum exercet, in eadem causa est. sive autem principaliter hoc negotium gerat sive alterius negotiationis accessione utatur (ut puta si caupo fuit vel stabularius et mancipia talia habuit ministrantia et occasione ministerii quaestum facientia: sive balneator fuerit, velut in quibusdam provinciis fit, in balineis ad custodienda vestimenta conducta habens mancipia hoc genus observantia in officina), lenocinii poena tenebitur.

D. 3, 2, 4, 3

Pomponius et eum, qui in servitute peculiaria mancipia prostituta habuit, notari post libertatem ait.

D. 3, 2, 4, 1

杰尔苏同意，赛场上的裁判（希腊人称之为 *brabeutài*）也不算从事表演，因为他们是履行公役，并非从事表演。如今这样的角色无疑是作为君主给予的大恩惠。

D. 3, 2, 4, 2

裁判官说："曾经从事拉皮条的人。"以奴隶卖淫盈利的人是拉皮条者；但以自由人来获得此种盈利的人，也归为此类。拉皮条的行为必须受到刑罚，不论它是主要从事的活动，还是与其他商业活动相结合（例如，酒馆主或者驿站主人，他们的奴隶为他们工作，偶尔也为了盈利而卖淫；或者如同在一些省份发生的那样，温泉主有专司照看客人衣物的奴隶，而这些奴隶在该场所内从事卖淫活动）。

D. 3, 2, 4, 3

彭波尼认为，一个人在身为奴隶的时候曾经用他所拥有的奴隶卖淫，那么他在获得自由权以后，也要受到不名誉记过。

D. 3, 2, 4, 4

Calumniator ita demum notatur, si fuerit calumniae causa damnatus: neque enim sufficit calumniatum: item praevaricator. praevaricator autem est quasi varicator, qui diversam partem adiuvat prodita causa sua: quod nomen Labeo a varia certatione tractum ait, nam qui praevaricatur, ex utraque parte constitit, quin immo ex adversa.

D. 3, 2, 4, 5

Item 'si qui furti, vi bonorum raptorum, iniuriarum, de dolo malo suo nomine damnatus pactusve erit' simili modo infames sunt,

D. 3, 2, 5 *Paulus libro quinto ad edictum*

quoniam intellegitur confiteri crimen qui paciscitur.

D. 3, 2, 6pr. *Ulpianus libro sexto ad edictum*

'Furti' accipe sive manifesti sive nec manifesti.

D. 3, 2, 6, 1

Sed si furti vel aliis famosis actionibus quis condemnatus provocavit, pendente iudicio nondum inter famosos habetur: si autem omnia tempora provocationis lapsa sunt, retro infamis est: quamvis si iniusta appellatio eius visa sit, hodie notari puto, non retro notatur.

D. 3，2，4，4

最后，诽谤者会被处以不名誉记过，但仅仅是在被判处诽谤罪之后。事实上，仅仅有过诽谤的行为是不够的；渎职者也是这样。此外，渎职者几乎也是个通敌者，即帮助对方、背叛己方；拉贝奥认为这个词语源于相争中的易变表现；渎职者的立场是两方的，事实上是敌对方的。

D. 3，2，4，5

同样，"在盗窃、抢劫、＜针对人身＞的侵辱、过错及欺诈＜案件审判中＞，以自己的名义被判罪或和解的人"将以相同的方式被处以不名誉记过。

D. 3，2，5 保罗，《告示评注》第 5 卷
因为，和解者被视为是承认罪行。

D. 3，2，6pr. 乌尔比安，《告示评注》第 6 卷
"盗窃"意为明示的或者不明示的。

D. 3，2，6，1

但是，如果盗窃（或者其他的造成不名誉的诉讼）的判决被上诉，而上诉审判悬而未决，那么尚未足以考虑不名誉记过；相反，假如上诉的所有期限都已到期，则有溯及力地受到不名誉记过；不过，如果在他的上诉显得毫无根据的情况下，我认为他应当从＜上诉＞这一时刻起受到不名誉记过而不具有溯及力。

D. 3, 2, 6, 2

Si quis alieno nomine condemnatus fuerit, non laborat infamia: et ideo nec procurator meus vel defensor vel tutor vel curator vel heres furti vel ex alia simili specie condemnatus infamia notabuntur, nec ego, si ab initio per procuratorem causa agitata est.

D. 3, 2, 6, 3

'Pactusve' inquit 'erit': pactum sic accipimus, si cum pretio quantocumque pactus est: alioquin et qui precibus impetravit ne secum ageretur erit notatus nec erit veniae ulla ratio, quod est inhumanum.

D. 3, 2, 6, 4

Qui iussu praetoris pretio dato pactus est, non notatur.

4a. Sed et si iureiurando delato iuraverit quis se non deliquisse, non erit notatus: nam quodammodo innocentiam suam iureiurando adprobavit.

D. 3, 2, 6, 5

'Mandati condemnatus': verbis edicti notatur non solum qui mandatum suscepit, sed et is, qui fidem, quam adversarius secutus est, non praestat. ut puta fideiussi pro te et solvi: mandati te si condemnavero, famosum facio.

D.3，2，6，2

如果某人是以他人名义出庭而被判罪的，则他不受不名誉记过；因此，我的代理人或辩护人、监护人或者保佐人，或者继承人如果在＜我的＞盗窃或类似罪名的诉讼中被判罪，不会受到不名誉记过；如果从一开始，案件就是通过代理人进行的，则我也不会＜受到不名誉记过＞。

D.3，2，6，3

裁判官说："或者和解的。"我们理解为，为了＜罪行＞而出价和解，不论和解的价格是什么；相反，即使某人通过恳求，获得了对方对自己的不起诉，他仍然会被处以不名誉记过，而不考虑其被原谅的事实；这是不人道的。

D.3，2，6，4

出于裁判官命令而出价和解的，不受不名誉记过。

4a.　一个人在提交誓词，发誓自己未曾犯下罪行后，不受不名誉记过；事实上，通过发誓，他以某种方式证明了其自身的清白。

D.3，2，6，5

"在委托＜之诉＞中被判罪的人"：根据告示被处以不名誉记过的，不仅仅是那些承担委托的人，还有那些在他人对其寄予信任时，未能守信的人。比如，当我成为你的担保人，并替你支付担保，如果我将来在委托之诉中使你被判罪，那么我使你变得不名誉。

D. 3, 2, 6, 6

Illud plane addendum est, quod interdum et heres suo nomine damnatur et ideo infamis fit, si in deposito vel in mandato male versatus sit: non tamen in tutela vel pro socio heres suo nomine damnari potest, quia heres neque in tutelam neque in societatem succedit, sed tantum in aes alienum defuncti.

D. 3, 2, 6, 7

Contrario iudicio damnatus non erit infamis: nec immerito. nam in contrariis non de perfidia agitur, sed de calculo, qui fere iudicio solet dirimi.

D. 3, 2, 7 *Paulus libro quinto ad edictum*

In actionibus, quae ex contractu proficiscuntur, licet famosae sint et damnati notantur, attamen pactus non notatur, merito: quoniam ex his causis non tam turpis est pactio quam ex superioribus.

D. 3, 2, 8 *Ulpianus libro sexto ad edictum*

'Genero' inquit 'mortuo': merito adiecit praetor: 'cum eum mortuum esse sciret', ne ignorantia puniatur. sed cum tempus luctus continuum est, merito et ignoranti cedit ex die mortis mariti: et ideo si post legitimum tempus cognovit, Labeo ait ipsa die et sumere eam lugubria et deponere.

D. 3, 2, 6, 6

此外，还必须得加上，有时继承人会以自己名义被判罪，并由此而变得不名誉，例如，在寄托或者委托行为中表现得不诚信。然而，在监护或合伙的诉讼中，继承人不能以自己名义被判罪，因为继承人在监护和合伙中不发生继承，只在死者债务中继承。

D. 3, 2, 6, 7

根据反诉被判罪的人，不会变得不名誉。这不是没有原因的，因为在反诉中，没人会对背信弃义进行争议，仅仅是<关于支付金额的>计算而已，而这一般在法律上是明确的。

D. 3, 2, 7 保罗，《告示评注》第5卷

在<于此告示中被考虑到的>源于契约的诉讼中，尽管会涉及不名誉，而且被判罪者会受到不名誉记过，然而议价和解并不会被处以不名誉，因为这样的议价和解并没有刚提到的那些可耻。

D. 3, 2, 8 乌尔比安，《告示评注》第6卷

裁判官说："其女婿死亡"，并且恰当地补充："且知道其死亡"，因为不知情的人不该惩罚。但服丧的期间必须以不间断的方式来计算，从丈夫死亡之日起开始计算期间是合理的，即使妻子并不知道丈夫的死亡。因此，假如直到法定的服丧期限过后，妻子才知道丈夫的死讯，拉贝奥认为，此妇女可以在那一天内穿上丧服然后脱掉。

D. 3, 2, 9pr. *Paulus libro quinto ad edictum*

Uxores viri lugere non compelluntur.

D. 3, 2, 9, 1

Sponsi nullus luctus est.

D. 3, 2, 10pr. *Idem libro octavo ad edictum*

Solet a principe impetrari, ut intra legitimum tempus mulieri nubere liceat.

D. 3, 2, 10, 1

Quae virum eluget, intra id tempus sponsam fuisse non nocet.

D. 3, 2, 11pr. *Ulpianus libro sexto ad edictum*

Liberorum autem et parentium luctus impedimento nuptiis non est.

D. 3, 2, 11, 1

Etsi talis sit maritus, quem more maiorum lugeri non oportet, non posse eam nuptum intra legitimum tempus collocari: praetor enim ad id tempus se rettulit, quo vir elugeretur, qui solet elugeri propter turbationem sanguinis.

D. 3, 2, 9 保罗,《告示评注》第 5 卷

丈夫可以不为其亡妻服丧。

1. 约婚夫妇之间不存在服丧。

D. 3, 2, 10 保罗,《告示评注》第 8 卷

习惯上,寡妇于丧期内再嫁的,由皇帝批准。

1. 寡妇在为亡夫服丧期间,可与他人订立婚约。

D. 3, 2, 11pr. 乌尔比安,《告示评注》第 6 卷

子女或者父母的服丧期,不造成对婚礼的妨碍。

D. 3, 2, 11, 1

即使死去的丈夫是如此＜不好＞的一个人,即根据我们祖先的风俗,不需要为他服丧,但其寡妇在法律所规定的服丧期间内也仍然不能结婚。裁判官所关心的服丧时间段,是＜仅仅＞为了避免寡妇后代的血统混乱而必须服丧的那个时间段。

D. 3, 2, 11, 2

Pomponius eam, quae intra legitimum tempus partum edi-
derit, putat statim posse nuptiis se collocare: quod verum puto.

D. 3, 2, 11, 3

Non solent autem lugeri, ut Neratius ait, hostes vel perduel-
lionis damnati nec suspendiosi nec qui manus sibi intulerunt non
taedio vitae, sed mala conscientia: si quis ergo post huiusmodi exitum mariti nuptum se collocaverit, infamia notabitur.

D. 3, 2, 11, 4

Notatur etiam 'qui eam duxit', sed si sciens: ignorantia enim excusatur non iuris, sed facti. excusatur qui iussu eius, in cuius potestate erat, duxerit, et ipse, qui passus est ducere, notatur,
utrumque recte: nam et qui obtemperavit, venia dignus est et qui
passus est ducere, notari ignominia.

D. 3, 2, 12 *Paulus libro quinto ad edictum*

Qui iussu patris duxit, quamvis liberatus potestate patria eam
retinuit, non notatur.

D. 3, 2, 11, 2

彭波尼认为,在法定的 < 服丧 > 期限内分娩的妇女,可以马上结婚,我认为这观点是对的。

D. 3, 2, 11, 3

正如涅拉茨所说的,通常对敌人或者被判叛国罪的人不设服丧期,同样不设服丧期的还有被绞死的罪人、自杀身亡的人——如果该人不是因为厌弃生命,而是因为良心太差;即使是这种亡夫所留下的寡妇,如果在他死后结婚的,也会被处以不名誉记过。

D. 3, 2, 11, 4

“娶 < 尚在服丧期的 > 寡妇的男人”,如果他是知情的,会被处以不名誉记过;不知情——不是那种对法律的无知,而是对事实的不知情——是可以被原谅的。基于她的家父的命令而娶,是被原谅的,但允许他娶这类寡妇的人要被处以不名誉记过。在这两例中,规则都是很正确的,服从命令的人应该被原谅,而允许其娶妻的人应该因耻辱而被处以不名誉记过。

D. 3, 2, 12 保罗,《告示评注》第 5 卷

因服从家父命令而娶妻的人,即使他从家父权中解放出来以后仍然保留该妻子,他也不受不名誉记过。

D. 3 , 2 , 13pr. *Ulpianus libro sexto ad edictum*

Quid ergo si non ducere sit passus, sed posteaquam duxit ratum habuerit? ut puta initio ignoravit talem esse, postea scit? non notabitur: praetor enim ad initium nuptiarum se rettulit.

D. 3, 2, 13, 1

Si quis alieno nomine bina sponsalia constituerit, non notatur, nisi eius nomine constituat, quem quamve in potestate haberet: certe qui filium vel filiam constituere patitur, quodammodo ipse videtur constituisse.

D. 3, 2, 13, 2

Quod ait praetor 'eodem tempore' , non initium sponsaliorum eodem tempore factum accipiendum est, sed si in idem tempus concurrant.

D. 3, 2, 13, 3

Item si alteri sponsa, alteri nupta sit, ex sententia edicti punitur.

D. 3, 2, 13, 4

Cum autem factum notetur, etiamsi cum ea quis nuptias vel sponsalia constituat, quam uxorem ducere vel non potest vel fas non est, erit notatus.

D. 3，2，13pr. 乌尔比安，《告示评注》第 6 卷

那么，如果家父没有同意其家子娶妻，但在其家子娶妻之后又批准了，会怎么样呢？假如一开始他不知道＜那女人是在法律规定的服丧期限内＞，但后来他知道了呢？他不会被处以不名誉记过，因为裁判官是以婚礼开始时的情况为准的。

D. 3，2，13，1

若某人以他人的名义缔结两段婚约，他不会被处以不名誉记过，除非他是以处于其权力下的男人或者女人的名字缔结的。无疑，允许家子或者家女缔结婚约，在一定程度上被认为是他自身所缔结的。

D. 3，2，13，2

裁判官所说的"同时"不应该被理解为在同一时刻缔结两个婚约，而应当理解为两个婚约存续于同个期间内。

D. 3，2，13，3

同样，如果一个妇女和一个男人约婚，又和另一个男人结婚，依据告示的规定，她会受到不名誉记过。

D. 3，2，13，4

既然遭受不名誉记过是因为事实本身，那么当一个男人与一个不能结婚或不能体面地结婚的女人结婚或者订婚的，他会被处以不名誉记过。

D. 3, 2, 13, 5

Ex compromisso arbiter infamiam non facit, quia non per omnia sententia est.

D. 3, 2, 13, 6

Quantum ad infamiam pertinet, multum interest, in causa quae agebatur causa cognita aliquid pronuntiatum sit an quaedam extrinsecus sunt elocuta: nam ex his infamia non irrogatur.

D. 3, 2, 13, 7

Poena gravior ultra legem imposita existimationem conservat, ut et constitutum est et responsum. ut puta si eum, qui parte bonorum multari debuit, praeses relegaverit: dicendum erit duriori sententia cum eo transactum de existimatione eius idcircoque non esse infamem. sed si in causa furti nec manifesti in quadruplum iudex condemnavit, oneratum quidem reum poena aucta, nam ex furto non manifesto in duplum conveniri debuit: verum hanc rem existimationem ei non conservasse, quamvis, si in poena non pecuniaria eum onerasset, transactum cum eo videtur.

D. 3, 2, 13, 8

Crimen stellionatus infamiam irrogat damnato, quamvis publicum non est iudicium.

D. 3，2，13，5

基于仲裁协议被提名的仲裁员，因为其仲裁裁决并非完全意义上的判决，故其裁决不导致不名誉。

D. 3，2，13，6

在涉及不名誉的时候，诉讼中很重要的是：是否宣称对此诉讼的一些情况事先知情或对一些据称不会导致＜此诉讼＞的情况事先知情。事实上，在这些情况下，不会招致不名誉。

D. 3，2，13，7

当一项刑罚比法律规定的最高限度还要严厉，则此人的名声可以得以保全。这是已由谕令或解答确立了的。例如，当官员裁决放逐一个人，而此人本该被判处以其部分财产作为罚金：这就是说此人以更严厉的处罚换得名声的保全，因此他并非不名誉。然而，在非明示的盗窃案中，如果法官对盗窃犯判处4倍罚金，这就是加重处罚了。因为非明示的盗窃按规定应该被处以双倍罚金；然而，处以更重的非财产处罚也可以被认为是一种交易的方式。

D. 3，2，13，8

交易欺诈罪的行为人因被判罪而不名誉，即使这不是公诉。

D. 3, 2, 14 *Paulus libro quinto ad edictum*

Servus, cuius nomine noxale iudicium dominus acceperit, deinde eundem liberum et heredem instituerit, ex eodem iudicio damnatus non est famosus, quia non suo nomine condemnatur: quippe cum initio lis in eum contestata non sit.

D. 3, 2, 15 *Ulpianus libro octavo ad edictum*

Notatur quae per calumniam ventris nomine in possessionem missa est, dum se adseverat praegnatem,

D. 3, 2, 16 *Paulus libro octavo ad edictum*

cum non praegnas esset vel ex alio concepisset:

D. 3, 2, 17 *Ulpianus libro octavo ad edictum*

debuit enim coerceri quae praetorem decepit. sed ea notatur, quae cum suae potestatis esset hoc facit.

D. 3, 2, 18 *Gaius libro tertio ad edictum provinciale*

Ea, quae falsa existimatione decepta est, non potest videri per calumniam in possessione fuisse.

D. 3，2，14 保罗，《告示评注》第 5 卷

当一个主人为了保护他的奴隶而接受损害投偿之诉，之后还将该奴隶解放并将其指定为自己的继承人，而判决是对此奴隶不利的，那么此解放自由人并不因此判决而变得不名誉，原因是，他并非以自己的名义被判罪，因为此判决一开始并不是针对他的。

D. 3，2，15 乌尔比安，《告示评注》第 8 卷

以造谣的方式谎称怀孕，并以腹中孩子为名占有＜其声称的孩子之父的财产＞的女人，会被处以不名誉记过。

D. 3，2，16 保罗，《告示评注》第 8 卷

但她事实上并未怀孕，或者怀的是别人的孩子。

D. 3，2，17 乌尔比安，《告示评注》第 8 卷

欺骗裁判官的女人要受到惩罚。但这个女人在欺骗裁判官时必须是法律上独立的，才能受到不名誉记过。

D. 3，2，18 盖尤斯，《行省告示评注》第 3 卷

由于错误的判断而误认为自己怀孕的女人，不被认为是以欺骗的方式占有财产。

D. 3 , 2 , 19 *Ulpianus libro octavo ad edictum*

Non alia autem notatur quam ea, de qua pronuntiatum est calumniae causa eam fuisse in possessionem missam. idque et in patre erit servandum, qui calumniae causa passus est filiam, quam in potestate habebat, in possessionem ventris nomine mitti.

D. 3 , 2 , 20 *Papinianus libro primo responsorum*

Ob haec verba sententiae praesidis provinciae 'callido commento videris accusationis instigator fuisse' pudor potius oneratur, quam ignominia videtur irrogari: non enim qui exhortatur mandatoris opera fungitur.

D. 3 , 2 , 21 *Paulus libro secundo responsorum*

Lucius Titius crimen intendit Gaio Seio quasi iniuriam passus atque in eam rem testationem apud praefectum praetorio recitavit: praefectus fide non habita testationis nullam iniuriam Lucium Titium passum esse a Gaio Seio pronuntiavit. quaero, an testes, quorum testimonium reprobatum est, quasi ex falso testimonio inter infames habentur. Paulus respondit nihil proponi, cur hi, de quibus quaeritur, infamium loco haberi debeant, cum non oportet ex sententia sive iusta sive iniusta pro alio habita alium praegravari.

D.3，2，19 乌尔比安，《告示评注》第8卷

妇女以欺诈＜怀孕＞的方式占有财产的，只有被判决后才会被处以不名誉记过。这也适用于家父，即家父以造谣的方式允许其父权下的家女以腹中胎儿的名义占有财产的。

D.3，2，20 帕比尼安，《解答集》第1卷

行省长官在判决中以下列语言对一方说："看起来你是控告的挑起者，以＜你＞狡猾的话语。"这话的目的似乎只是为了让人感到羞愧，而不是对其加以耻辱。从另一方面来说，告诫者与背后主使者不一样。

D.3，2，21 保罗，《解答集》第2卷

某甲针对某乙提起一项刑事诉讼，声称遭受了来自某乙的＜针对人身的＞侵辱，他为此在大区长官面前宣读书面证词。大区长官对此证词不予采信，宣判某甲并未遭受来自某乙的侵辱。我设问，那些被认为证词不足以采信的证人，是否应当因伪证而被认为不名誉？保罗曾经给出回答：找不出理由来说明问题所涉的人应当被认为是不名誉的，因为对一方的判决，不论是公正的还是不公正的，都不可以损害另一方。

D. 3, 2, 22 *Marcellus libro secundo publicorum*

Ictus fustium infamiam non importat, sed causa, propter quam id pati meruit, si ea fuit, quae infamiam damnato irrogat. in ceteris quoque generibus poenarum eadem forma statuta est.

D. 3, 2, 23 *Ulpianus libro octavo ad edictum*

Parentes et liberi utriusque sexus nec non et ceteri adgnati vel cognati secundum pietatis rationem et animi sui patientiam, prout quisque voluerit, lugendi sunt: qui autem eos non eluxit, non notatur infamia.

D. 3, 2, 24 *Idem libro sexto ad edictum*

Imperator Severus rescripsit non offuisse mulieris famae quaestum eius in servitute factum.

D. 3, 2, 25pr. *Papinianus libro secundo quaestionum*

Exheredatum quoque filium luctum habere patris memoriae placuit, idemque et in matre iuris est, cuius hereditas ad filium non pertinet.

D. 3, 2, 25, 1

Si quis in bello ceciderit, etsi corpus eius non compareat, lugebitur.

D.3, 2, 22 马切尔,《公诉》第 2 卷

以藤条抽打＜之惩罚＞不构成不名誉,但是导致该项惩罚的案件是可以＜构成不名誉＞的,如果该案件的性质就是会构成不名誉的话。在其他种类的刑罚中也适用此条规则。

D.3, 2, 23 乌尔比安,《告示评注》第 8 卷

为父母或者子女服丧是应该的,正如为其他的父系血亲或者母系血亲那样,举丧应当如同每个人所想的那样,以感情＜亲疏＞及精神所受痛苦为尺度,因此不为死者服丧的人也不会遭受到不名誉记过。

D.3, 2, 24 乌尔比安,《告示评注》第 6 卷

＜塞普蒂米乌斯・＞塞维鲁皇帝以回复的方式规定:妇女在为奴期间,＜被迫＞从事卖淫以营利的,无损其名誉。

D.3, 2, 25 帕比尼安,《问题集》第 2 卷

非常明确的是,即使是一个没被指定为继承人的家子,也得为父亲服丧,同样也应当为母亲服丧,而母亲的遗产是不会由家子继承的。

III

DE PROCURATORIBUS
ET DEFENSORIBUS

D. 3, 3, 1pr. *Ulpianus libro nono ad edictum*

Procurator est qui aliena negotia mandatu domini administrat.

D. 3, 3, 1, 1

Procurator autem vel omnium rerum vel unius rei esse potest constitutus vel coram vel per nuntium vel per epistulam: quamvis quidam, ut Pomponius libro vicensimo quarto scribit, non putent unius rei mandatum suscipientem procuratorem esse: sicuti ne is quidem, qui rem perferendam vel epistulam vel nuntium perferendum suscepit, proprie procurator appellatur. sed verius est eum quoque procuratorem esse qui ad unam rem datus sit.

D. 3, 3, 1, 2

Usus autem procuratoris perquam necessarius est, ut qui rebus suis ipsi superesse vel nolunt vel non possunt, per alios possint vel agere vel conveniri. 3. Dari autem procurator et absens potest,

第三章
关于代理人和辩护人

D.3，3，1pr. 乌尔比安，《告示评注》第9卷

代理人，是指在其当事人的委托下处理他人事务的人。

D.3，3，1，1

代理人——不论是被委派来处理所有财产，还是被委派来处理单一事务——可以在在场的人之间被委派，或者通过信使被委派，或者通过信件被委派，尽管有的人，如彭波尼在<《告示评注》>第24卷中所说，认为承担单一事务之管理的人，不是代理人：正如一个人替人搬运一个物件，或者携带一封书信，或者捎个口信时不太能算个代理人。但较佳的观点是，被委派仅处理一件事务的人也是代理人。

D.3，3，1，2

使用代理人是绝对必要的，对于那些不愿或者不能亲自处理其自身事务的人，这使他们能够假借他人起诉或者应诉。

D. 3 , 3 , 2pr. *Paulus libro octavo ad edictum*

dummodo certus sit qui datus intellegetur et is ratum habuer-it.

D. 3 , 3 , 2 , 1

Furiosus non est habendus absentis loco, quia in eo animus deest, ut ratum habere non possit.

D. 3 , 3 , 3 *Ulpianus libro nono ad edictum*

Item et ad litem futuram et in diem et sub condicione et us-que ad diem dari potest.

D. 3 , 3 , 4 *Paulus libro octavo ad edictum*

et in perpetuum.

D. 3 , 3 , 5 *Ulpianus libro septimo ad edictum*

Praesens habetur et qui in hortis est

D. 3 , 3 , 6 *Paulus libro sexto ad edictum*

et qui in foro et qui in urbe et in continentibus aedificiis:

D. 3，3，1，3

不在场的人也可以被委派为代理人；

D. 3，3，2pr. 保罗，《告示评注》第 8 卷

只要被委派者被人所知，并且他认可这指派。

D. 3，3，2，1

一个疯子不能被认为＜是这种情况下的＞不在场人，因为他缺乏理解能力，故不能认可＜对他的委派＞。

D. 3，3，3 乌尔比安，《告示评注》第 9 卷

同样，还可以为未来的案件，或附开始期限的案件，或附条件的案件，或附结束期限的案件指派代理人。

D. 3，3，4 保罗，《告示评注》第 8 卷

以及无限期的案件。

D. 3，3，5 乌尔比安，《告示评注》第 7 卷

在花园中的人，也被认为是在场的。

D. 3，3，6 保罗，《告示评注》第 6 卷

以及那些在广场上的人、在城市中的人，或在城墙外的建筑内的人。

D. 3, 3, 7 *Ulpianus libro septimo ad edictum*

et ideo procurator eius praesentis esse videtur.

D. 3, 3, 8pr. *Idem libro octavo ad edictum*

Filius familias et ad agendum dare procuratorem potest, si qua sit actio, qua ipse experiri potest: non solum si castrense peculium habeat, sed et quivis filius familias: ut puta iniuriam passus dabit ad iniuriarum actionem, si forte neque pater praesens sit nec patris procurator velit experiri, et erit iure ab ipso filio familias procurator datus. hoc amplius Iulianus scribit, et si filio familias patri per filium eius in eadem potestate manentem fiat iniuria neque avus praesens sit, posse patrem procuratorem dare ad ulciscendam iniuriam, quam nepos absentis passus est. ad defendendum quoque poterit filius familias procuratorem dare. sed et filia familias poterit dare procuratorem ad iniuriarum actionem. nam quod ad dotis exactionem cum patre dat procuratorem, supervacuum esse Valerius Severus scribit, cum sufficiat patrem dare ex filiae voluntate. sed puto, si forte pater absens sit vel suspectae vitae, quo casu solet filiae competere de dote actio, posse eam procuratorem dare. ipse quoque filius procurator dari poterit et ad agendum et ad defendendum.

D. 3, 3, 8, 1

Invitus procurator non solet dari. invitum accipere debemus non eum tantum qui contradicit, verum eum quoque qui consensisse non probatur.

D. 3，3，7 乌尔比安，《告示评注》第 7 卷

这样他就被认为是在场者的代理人。

D. 3，3，8pr. 乌尔比安，《告示评注》第 8 卷

家子可以为了起诉之目的而指派代理人，只要这诉讼是他本人可以提起的即可，不光是在他有军人特有产的情况下，而是任何家子都可以这样做。比如，当遭受＜针对人身的＞侵辱时，他可以指派一名代理人来发起相应之诉，如果家父不在场，而且家父的代理人不愿意起诉这个案件，此时家子自己委派一名代理人的，他的行为有效。尤里安更进一步，他说，当家子自己有个儿子，并与他处于同个父权之下，有人侵辱他的儿子，而祖父不在场，父亲可以指派一名代理人来为孙子提起侵辱之诉。家子也可以指派代理人，以在法庭上展开辩护。父权下的家女也可以为了提起＜针对人身的＞侵辱之诉而指派代理人。瓦雷利乌斯·塞维鲁斯说，家女与其家父一起为收取嫁资指派代理人，这是多余的，因为由家父根据其女的意愿作出指派就已经足够。然而，假如这家父正好不在场，或者他的生活使其被怀疑不可靠，既然在这种情况下家女通常有权提起嫁资之诉，那么我的观点是，她可以指派代理人。家子也可以被指派为代理人，来提起诉讼或者应诉。

D. 3，3，8，1

习惯上不指派不愿意的人为代理人。我们必须理解，"不愿意"不光指他拒绝，也指不能证明他作出了同意表示。

D. 3, 3, 8, 2

Veterani procuratores fieri possunt: milites autem nec si velit adversarius procuratores dari possunt, nisi hoc tempore litis contestatae quocumque casu praetermissum est: excepto eo qui in rem suam procurator datus est, vel qui communem causam omnis sui numeri persequatur vel suscipit, quibus talis procuratio concessa est.

D. 3, 3, 8, 3

'Procuratorem ad litem suscipiendam datum, pro quo consentiente dominus iudicatum solvi exposuit', praetor ait, 'iudicium accipere cogam'. Verum ex causa non debebit compelli. ut puta inimicitiae capitales intervenerunt inter ipsum procuratorem et dominum: scribit Iulianus debere in procuratorem denegari actionem. item si dignitas accesserit procuratori: vel rei publicae causa afuturus sit:

D. 3, 3, 9 *Gaius libro tertio ad edictum provinciale*

aut si valetudinem aut si necessariam peregrinationem alleget:

D. 3, 3, 10 *Ulpianus libro octavo ad edictum*

vel hereditas superveniens eum occupet: vel ex alia iusta causa. hoc amplius et si habeat praesentem dominum, non debere compelli procuratorem,

D. 3，3，8，2

老兵可以被指派为代理人，但服役中的士兵则不可以，即使对方同意也不行，除非在案件受理的时候这种情况被意外忽视，除非他被指派往一件与他自己利益相关的事件，或者在起诉或应诉中作为他的部队的代表，＜在这些情况下＞允许指派他进行代理活动。

D. 3，3，8，3

裁判官说："当一名代理人被指派来应诉，当他的当事人为他的利益以及经他的同意已宣布支付判决金额时，我会强迫他进行这个案件。"但他在特定的情况下不能被强迫。比如，当代理人与当事人之间产生极端的敌意时，尤里安说，应该拒绝针对代理人的诉讼。同样，当代理人取得了一些高级职务时，或者当他因国事而缺席时＜，也不能被强迫＞。

D. 3，3，9 盖尤斯，《行省告示评注》第 3 卷

或者当他宣称健康状况不好，或者需要远行时；

D. 3，3，10 乌尔比安，《告示评注》第 8 卷

或者当他忙于一份突然传给他的遗产时，或者有别的好理由时。如果他的当事人在场，那代理人就更加有理由不被强迫负责案件了，

D. 3, 3, 11 *Paulus libro octavo ad edictum*

si tamen dominus cogi possit.

D. 3, 3, 12 *Gaius libro tertio ad edictum provinciale*

Sed etiam ex his causis dicitur aliquando cogendum procuratorem iudicium accipere: veluti si dominus praesens non sit et actor adfirmet tractu temporis futurum, ut res pereat.

D. 3, 3, 13 *Ulpianus libro octavo ad edictum*

Sed haec neque passim admittenda sunt neque destricte deneganda, sed a praetore causa cognita temperanda.

D. 3, 3, 14 *Paulus libro octavo ad edictum*

Si post datum procuratorem inter dominum et procuratorem[1] capitales inimicitiae intercesserunt, non cogendum accipere iudicium nec stipulationem ob rem non defensam committi, quoniam nova causa sit.

---

[1]   < inter dominum et procuratorem > , vd. Mo. – Kr. , nt. 9.

D. 3，3，11 保罗，《告示评注》第 8 卷

只要当事人可以被强迫。

D. 3，3，12 盖尤斯，《行省告示评注》第 3 卷

但必须说明的是，有时即使在这些特殊的情况下，代理人也必须被强迫进行案件，比如，当事人不在场，而原告声称继续拖延会造成涉案财产的灭失。

D. 3，3，13 乌尔比安，《告示评注》第 8 卷

所有这些 < 避免被强迫 > 的特殊理由不应当被一般地批准或者完全拒绝，而应当在裁判官了解原因后，适当加以解决。

D. 3，3，14 保罗，《告示评注》第 8 卷

如果在被委派为代理人后，他与他的当事人之间产生了极端的敌意，则他不能被强迫办理案件，而缺乏辩护使要式口约不生效，因为这是后来出现的事。

D. 3, 3, 15pr. *Ulpianus libro octavo ad edictum*

Si defunctus sit dominus ante litem contestatam, iudicatum solvi stipulatione pro suo procuratore data, procurator compellendus est ad iudicium accipiendum: ita tamen si hoc dominus sciente procuratore et non contradicente fecit. quod si aliter actum est, inscium quidem procuratorem teneri satis incivile est, committitur autem ob rem non defensam stipulationis clausula.

D. 3, 3, 15, 1

Qui ad communi dividundo iudicium datus est, ad agendum item et ad defendendum videbitur datus duplici cautela interponenda.

D. 3, 3, 16 *Paulus libro octavo ad edictum*

Ante litem contestatam libera potestas est vel mutandi procuratoris vel ipsi domino iudicium accipiendi.

D. 3, 3, 17pr. *Ulpianus libro nono ad edictum*

Post litem autem contestatam reus qui procuratorem dedit mutare quidem eum vel in se litem transferre a vivo procuratore vel in civitate manente potest, causa tamen prius cognita.

D. 3, 3, 17, 1

Non solum autem ipsi qui dedit procuratorem hoc permittitur, sed etiam heredi eius et ceteris successoribus.

D. 3，3，15pr. 乌尔比安，《告示评注》第 8 卷

如果当事人在案件受理之前就死亡，并对他的代理人做出将履行既决案件的要式口约，则代理人必须被迫接受案件。然而，其前提是当事人在做出要式口约时知道代理人且代理人并不反对，因为＜不然的话＞，让不知情的代理人承担责任，这是与法律规则相违背的。然而，要式口约中关于辩护缺席的条款可以生效。

D. 3，3，15，1

当一个代理人被指派来办理一件共同财产分割案件时，他也被认为是被指派来发起诉讼、承担辩护，所以他应当提供双重的担保。

D. 3，3，16 保罗，《告示评注》第 8 卷

在案件受理以前，当事人有完全的自由来替换代理人，或亲自办理案件。

D. 3，3，17pr. 乌尔比安，《告示评注》第 9 卷

案件受理后，若被告人指派了一名代理人，他可以替换代理人，或者将案件的办理转至他本人，即使这代理人尚在人世，甚至就居住在城中，但必须表明转换之原因。

D. 3，3，17，1

这不但被准予了指派代理人的人，还被准予了他的子嗣或者其他继承人。

D. 3, 3, 17, 2

In causae autem cognitione non solum haec versantur, quae supra diximus in procuratore non compellendo suscipere iudicium, verum et aetas

D. 3, 3, 18 *Modestinus libro decimo pandectarum*

aut religionis beneficium.

D. 3, 3, 19 *Ulpianus libro nono ad edictum*

Item si suspectus sit procurator aut in vinculis aut in hostium praedonumve potestate,

D. 3, 3, 20 *Paulus libro octavo ad edictum*

vel iudicio publico privatove vel valetudine vel maiore re sua distringatur

D. 3, 3, 21 *Gaius libro tertio ad edictum provinciale*

vel exilio, vel si latitet, vel inimicus postea fiat,

D. 3, 3, 22 *Paulus libro octavo ad edictum*

aut adfinitate aliqua adversario iungatur, vel heres ei existat,

D. 3, 3, 23 *Ulpianus libro nono ad edictum*

aut longa peregrinatio et aliae similes causae impedimento sint,

D. 3，3，17，2

在调查原因的时候应当考虑的，不仅有上面提到的不强迫代理人办理案件的情况，还有他的年纪，

D. 3，3，18 莫特斯丁，《潘德克吞》第 10 卷

或者宗教等级的特权。

D. 3，3，19 乌尔比安，《告示评注》第 9 卷

同样，如果这个代理人变得不配受托，或者身处监牢，或在敌人或盗匪的掌控之下，

D. 3，3，20 保罗，《告示评注》第 8 卷

或者他忙于刑事或民事诉讼，或者被健康原因所阻碍，或者被他个人的重要事件所阻碍，

D. 3，3，21 盖尤斯，《行省告示评注》第 3 卷

或者他身处流放或潜逃中，或者后来成为当事人的敌人，

D. 3，3，22 保罗，《告示评注》第 8 卷

或者当他与对方有亲属关系，或者成为对方的继承人，

D. 3，3，23 乌尔比安，《告示评注》第 9 卷

或者因漫长的路程，或一些其他相似的事情妨碍了他，

D. 3, 3, 24 *Paulus libro octavo ad edictum*

mutari debebit vel ipso procuratore postulante.

D. 3, 3, 25 *Ulpianus libro nono ad edictum*

Quae omnia non solum ex parte rei, sed etiam in persona actoris observabuntur. sed si adversarius vel ipse procurator dicat dominum mentiri, apud praetorem haec finiri oportet. nec ferendus est procurator qui sibi adserit procurationem: nam hoc ipso suspectus est qui operam suam ingerit invito. nisi forte purgare magis convicium quam procurationem exsequi maluit. et hactenus erit audiendus, si dicat se procuratione quidem carere velle, sed si id inlaesa existimatione sua fiat: ceterum ferendus erit pudorem suum purgans. plane si dicat in rem suam se procuratorem datum et hoc probaverit, non debet carere propria lite. item si retentione aliqua procurator uti velit, non facile ab eo lis erit transferenda,

D. 3, 3, 26 *Paulus libro octavo ad edictum*

nisi dominus ei solvere paratus sit.

D. 3，3，24 保罗，《告示评注》第 8 卷

在这些情况下，应当替换代理人，即使他本人请求 < 出庭 >。

D. 3，3，25 乌尔比安，《告示评注》第 9 卷

所有这些都应当被遵守，不光是被告一方，还有原告一方。如果对方，或者代理人本人，宣称当事人在说谎，这必须由裁判官确定。自称有权的代理人不能被容忍：事实上，当代理人将自己的服务强加于一个不情愿的当事人时，这一事实本身使他变得可疑；除非，< 他承担代理 > 更多的是不想被责怪，而非仅仅执行它。则当他宣称："只要能不伤害他的名声，他愿意交出代理权"时，他应当被聆听；这是因为如果一个人试图澄清他的人格，则他必须被聆听。如果他坦白地说，他在一件与他自己利益相关的事务上被指派为了代理人，而且对此加以了证明，则他不该被剥夺权利来为自己的利益进行诉讼。同样，如果一个代理人因为费用而保留 < 一些钱款 >，要剥夺他的诉讼权利将不那么容易，

D. 3，3，26 保罗，《告示评注》第 8 卷

除非当事人准备好付他钱。

D. 3, 3, 27pr. *Ulpianus libro nono ad edictum*

In causae cognitione etiam hoc versabitur, ut ita demum transferri a procuratore iudicium permittatur, si quis omnia iudicii ab eo transferre paratus sit. ceterum si velit quaedam transferre, quaedam relinquere, iuste procurator hanc inconstantiam recusabit. sed haec ita, si mandato domini procurator egit. ceterum si mandatum non est, cum neque in iudicium quicquam deduxerit, nec tu ea comprobasti: quae invito te acta sunt tibi non praeiudicant ideoque translatio earum litium non est tibi necessaria, ne alieno facto onereris. haec autem cognitio procuratoris mutandi praetoris est.

D. 3, 3, 27, 1

Si ex parte actoris litis translatio fiat, dicimus committi iudicatum solvi stipulationem a reo factam, idque et Neratius probat et Iulianus et hoc iure utimur: scilicet si dominus satis accepit. sed et si procurator satis accepit et transferatur iudicium in dominum, verius est committi et ex stipulatu actionem a procuratore in dominum transferri. sed et si a domino vel a procuratore in procuratorem iudicium transferatur, non dubitat Marcellus, quin committatur stipulatio. et haec vera sunt. et licet procuratori commissa sit stipulatio, tamen domino erit danda utilis ex stipulatu actio, directa penitus tollenda.

D. 3，3，27pr. 乌尔比安，《告示评注》第9卷

在诉讼的审理中，必须注意：不允许当事人剥夺代理人办理案件的权利，除非，该当事人已经准备整个儿地剥夺他这项权利。不然的话，如果该当事人想拿走一部分权利而留下其余的，代理人可以合法地拒绝这样不连贯的安排。这是代理人在当事人的指令下行动的时候。但是，当不存在指令，而且＜他＞既没有在法庭上提出什么东西，而你也没有准许任何未经你同意的行为，你不想要的事不会损害你；因此，将案件转给你本人是不必要的，以免为他人的行为负义务。更换代理人的审判，由裁判官进行。

D. 3，3，27，1

如果案件的移交是由原告方作出的，我们认为，被告作出的保证履行裁判的要式口约是有效的，这一观点被涅拉提乌斯和尤里安所采纳，只要当事人接受了保证，我们仍然使用这一规则。但更好的说法是：＜认为＞这是有效的，＜并认为＞产生于要式口约的诉讼被移交给当事人，即使代理人收到了这一诉讼，且这一诉讼已被移交给了当事人。而且，即使诉讼从当事人移交至代理人，或者从一个代理人移交到另一个代理人，马尔切鲁斯确定这要式口约是有效的。这是对的。此外，尽管要式口约对代理人有效，但是产生于要式口约的扩用诉讼仍然应当被准予当事人，而直接的诉讼须被消灭。

D. 3, 3, 28 *Idem libro primo disputationum*

Si procurator meus iudicatum solvi satis acceperit, mihi ex stipulatu actio utilis est, sicuti iudicati actio mihi indulgetur. sed et si egit procurator meus ex ea stipulatione me invito, nihilo minus tamen mihi ex stipulatu actio tribuetur. quae res facit, ut procurator meus ex stipulatu agendo exceptione debeat repelli: sicuti cum agit iudicati non in rem suam datus nec ad eam rem procurator factus. per contrarium autem si procurator meus iudicatum solvi satisdederit, in me ex stipulatu actio non datur. sed et si defensor meus satisdederit, in me ex stipulatu actio non datur, quia nec iudicati mecum agi potest.

D. 3, 3, 29 *Idem libro nono ad edictum*

Si actor malit dominum potius convenire quam eum qui in rem suam procurator est, dicendum est ei licere.

D. 3, 3, 30 *Paulus libro primo sententiarum*

Actoris procurator non in rem suam datus propter inpensas quas in litem fecit potest desiderare, ut sibi ex iudicati actione satisfiat, si dominus litis solvendo non sit.

D. 3，3，28 乌尔比安，《论断集》第 1 卷

如果我的代理人接受了保证履行裁判的要式口约，那么基于这一要式口约的扩用诉讼也属于我，就像赋予我既决案诉讼那样。尽管我的代理人按照此约定，违背我的意志提起诉讼，但基于要式口约的诉权也被赋予我。这就使得——当我的代理人依照要式口约而起诉时——他应该被抗辩所阻碍，正如一个既不以自己的利益也非为了依既决案起诉之特别目的而被提名代理人，在按既决案起诉时那样。反过来，如果我的代理人提供了保证履行裁判的担保，则他不能对我提起要式口约之诉。但是，尽管我的辩护人提供了担保，也不能对我提起要式口约之诉，因为他也不能根据既决案起诉我。

D. 3，3，29 乌尔比安，《告示评注》第 9 卷

如果原告选择传唤当事人，而非那个因自己的利益而被指派的代理人，则必须允许他这样做。

D. 3，3，30 保罗，《论点集》第 1 卷

原告的代理人，如果不是为自己的利益而被指派的，可以要求——如果诉讼的当事人没有清偿能力的话——通过既决案之诉支付其在诉讼中产生的费用。

D. 3, 3, 31 pr. *Ulpianus libro nono ad edictum*

Si quis, cum procuratorio nomine condemnatus esset, heres extiterit domino litis: iudicati actionem non recte recusabit. hoc si ex asse. sin autem ex parte heres extiterit et totum solverit, si quidem ei mandatum est hoc quoque, ut solvat, mandati actionem adversus coheredes habebit: si non sit mandatum, negotiorum gestorum actio datur. quod est et si heres procurator non exstiterit et solverit.

D. 3, 3, 31, 1

Unius litis plurium personarum plures dari procuratores non est prohibitum.

D. 3, 3, 31, 2

Iulianus ait eum, qui dedit diversis temporibus procuratores duos, posteriorem dando priorem prohibuisse videri.

D. 3, 3, 32 *Paulus libro octavo ad edictum*

Pluribus procuratoribus in solidum simul datis occupantis melior condicio erit, ut posterior non sit in eo quod prior petit procurator.

D. 3，3，31pr. 乌尔比安，《告示评注》第 9 卷

当一个人以代理人身份在案件中败诉，而后成为诉讼当事人的继承人时，<作为继承人>他不能合法地否认<对他提起的>既决案之诉。当他继承了整个遗产时是这样。然而，如果他只继承了一部分遗产，而支付了整个数目，如果他确实是被委托了这样做——即支付——则他有权对他的共同继承人提起委托之诉；如果他没有被委托了这样做，则他有权提起他人事务管理之诉。当代理人支付后，没有成为继承人的，这条规则同样适用。

D. 3，3，31，1

当一个案件涉及多人时，当事人可以指定多名代理人。

D. 3，3，31，2

尤里安说，当一个人在不同的时候指派了两名代理人，那么他被认为用其第二次指派撤销了他的第一次指派。

D. 3，3，32 保罗，《告示评注》第 8 卷

当为了同一目的而同时指派了多名代理人，则第一个取得判决的人优先；这样，在其他代理人先起诉时，他<即第一个取得判决的人>不会被视为后行动者。

D. 3, 3, 33pr. *Ulpianus libro nono ad edictum*

Servum quoque et filium familias procuratorem posse habere aiunt. et quantum ad filium familias verum est: in servo subsistimus. et negotia quidem peculiaria servi posse gerere aliquem et hoc casu procuratorem eius esse admittimus, quod et Labeoni videtur: actionem autem intendere vetamus.

D. 3, 3, 33, 1

Eum vero qui de statu suo litigat procuratorem habere posse non dubitamus non solum in administratione rerum, sed etiam in actionibus, quae ei vel adversus eum competant, ex possessione sive servitutis sive libertatis de suo statu litigat. ex contrario quoque eum procuratorem dari posse manifestum est.

D. 3, 3, 33, 2

Publice utile est absentes a quibuscumque defendi: nam et in capitalibus iudiciis defensio datur. ubicumque itaque absens quis damnari potest, ibi quemvis verba pro eo facientem et innocentiam excusantem audiri aequum est et ordinarium admittere: quod et ex rescripto imperatoris nostri apparet.

D. 3，3，33pr. 乌尔比安，《告示评注》第9卷

有人说奴隶和家子都可以拥有代理人。至少在适用于家子时，这是正确的，但是在涉及奴隶时，我们就得思考了。有些人可以管理涉及奴隶特有产的事务，在这种情况下他就是奴隶的代理人，这点是对的，正如拉贝奥认为的那样；但他被禁止提起诉讼。

D. 3，3，33，1

确实，我们不怀疑，一个有着进行中的、关于他的身份的争议的人，能够拥有代理人，不单单是管理他的财产，还管理由他或对他发起的诉讼，＜在这些诉讼中＞他有着进行中的争议，因为他有着奴隶或自由人的身份。另一方面，很显然，他能被指定为代理人。

D. 3，3，33，2

为了公共的利益，缺席者应当被人辩护：在极刑的案件中，辩护也是被允许的。因此不管任何时候，当一个人可能在缺席时被判决时，对那些在这种场合为他辩护、维持他的清白的人加以聆听，这是很公正且通常被允许的；一如在我们皇帝＜卡拉卡拉＞的一则批复中所表现出来的那样。

D. 3, 3, 33, 3

Ait praetor: 'Cuius nomine quis actionem dari sibi postulabit, is eum viri boni arbitratu defendat: et ei quocum alterius nomine[1] aget id ratum habere eum ad quem ea res pertinet, boni viri arbitratu satisdet. '

D. 3, 3, 33, 4

Aequum praetori visum est eum, qui alicuius nomine procurator experitur, eiusdem[2] etiam defensionem suscipere.

D. 3, 3, 33, 5

Si quis in rem suam procurator interveniat, adhuc erit dicendum debere eum defendere: nisi forte ex necessitate fuerit factus.

D. 3, 3, 34 *Gaius libro tertio ad edictum provinciale*

Si quis in rem suam procuratorio nomine agit, veluti emptor hereditatis: an debeat invicem venditorem defendere? et placet, si bona fide et non in fraudem eorum qui invicem agere vellent gestum sit negotium, non oportere eum invicem defendere.

---

[1] (et ei quo nomine), vd. Mo. – Kr. , nt. 8.
[2] (eundem), vd. Mo. – Kr. , nt. 9.

D. 3，3，33，3

裁判官说，"当一个人要求获准以他人名义发起诉讼时，他必须按照一个公正人士的决定，为他人辩护；而且他必须按照一个公正人士的决定，对他所起诉的人提供担保，保证当事人会认可＜结果＞。"

D. 3，3，33，4

裁判官认为，那些以代理人身份为他人起诉的人，也要承担他人的辩护。

D. 3，3，33，5

甚至，当一个人以代理人的身份在诉讼中为自己的利益而起诉，他仍然应当＜为他的当事人＞辩护，除非当事人是因为急需而指派的他。

D. 3，3，34 盖尤斯，《行省告示评注》第 3 卷

当一个人为自己利益以代理人身份发起诉讼，比如作为一份财产的购买人时，他应该为卖家辩护吗？确定的是，如果交易在诚信中完成，且没有欺骗那些希望起诉＜卖家＞的人，则他没有责任为卖家辩护。

D. 3, 3, 35pr. *Ulpianus libro nono ad edictum*

Sed et hae personae procuratorum debebunt defendere, quibus sine mandatu agere licet: ut puta liberi, licet sint in potestate, item parentes et fratres et adfines et liberti.

D. 3, 3, 35, 1

Patronus libertum et per procuratorem ut ingratum accusare potest et libertus per procuratorem respondere.

D. 3, 3, 35, 2

Non solum autem si actio postuletur a procuratore, sed et si praeiudicium vel interdictum, vel si stipulatione legatorum vel damni infecti velit caveri: debebit absentem defendere in competenti tribunali et eadem provincia. ceterum cogi eum etiam in provinciam[1] de Roma abire vel e contrario vel a provincia in aliam provinciam et defendere durum est.

---

[1] (in provincia), vd. Mo. – Kr. , nt. 11.

D. 3, 3, 35pr. 乌尔比安,《告示评注》第 9 卷

但是,那些即使没有委托也可以以代理人身份行动的人——比如直系卑亲属,即使是处于父权下的,同样还有直系尊亲属、兄弟、姻亲以及解放自由人——有责任承担＜他们当事人的＞辩护。

D. 3, 3, 35, 1

庇主可以通过代理人指控他的解放自由人不知感恩,而此解放自由人可用代理人＜辩护＞回应。

D. 3, 3, 35, 2

要求代理人做的不止有起诉,还有诉前查明,或者禁令,或者为了遗赠和潜在损害而向其提供要式口约担保;当当事人不在场时,代理人应当在有权法院及同一行省内为他的当事人辩护。但是,如果要求他为了给当事人辩护,而离开罗马前往行省,或者离开行省前往罗马,或者从一个行省前往另一个行省,这就太苛刻了。

D. 3, 3, 35, 3

Defendere autem est id facere quod dominus in litem faceret, et cavere idonee: nec debebit durior condicio procuratoris fieri quam est domini, praeterquam in satisdando. praeter satisdationem procurator ita defendere videtur, si iudicium accipiat. unde quaesitum est apud Iulianum, an compellatur, an vero sufficiat ob rem non defensam stipulationem committi. et Iulianus scribit libro tertio digestorum compellendum accipere iudicium: nisi et agendum causa cognita recusaverit vel ex iusta causa remotus fuerit. defendere videtur procurator et si in possessionem venire patiatur, cum quis damni infecti satis vel legatorum desideret,

D. 3, 3, 36 *Paulus libro octavo ad edictum*

vel in operis novi nuntiatione. sed et si servum ex causa noxali patiatur duci, defendere videtur: ita tamen, ut in his omnibus ratam rem dominum habiturum caveat.

D. 3, 3, 37pr. *Ulpianus libro nono ad edictum*

Omnium autem actionum nomine debet defendere, etiam earum quae in heredem non dantur.

D. 3，3，35，3

"辩护"一词，意为做当事人在办理案件时会做的任何事，并提供妥当的担保；除了给出担保一事，不能对代理人施加严于当事人的条件。除了给出担保以外，当代理人接受案件时，他被认为是在承担辩护。因此，尤里安在著作中提出了这个问题，代理人是否能被迫这样做，还是只要为辩护缺席所做的要式口约担保＜对他＞有效就足够？尤里安在《学说汇纂》第3卷中说道，＜代理人＞必须被迫接受诉讼，除非他能推却起诉，＜且裁判官＞事先知道该事，或者当他因为一些正当的理由而被移除。代理人被认为应当承担辩护，即使当他遭受引入占有措施，在有人要求他为潜在损害提供担保或者支付遗赠的情况下，

D. 3，3，36 保罗，《告示评注》第8卷

或者在宣告一个新施工的情况下。他被认为应当承担辩护，即使他的一个负有责任的奴隶在损害投偿案件中被带走，前提是，在所有这些例子中，他提供要式口约担保，保证他的当事人会认可诉讼结果。

D. 3，3，37pr. 乌尔比安，《告示评注》第9卷

＜代理人＞必须在所有的案件中为他的当事人辩护，即使是在那些针对＜当事人的＞继承人的、没有被作出的诉讼之中。

D. 3, 3, 37, 1

Unde est quaesitum: si adversarius plures intendat actiones et in singulas singuli existant defensores suscipere parati, videri eum recte defendi Iulianus ait. quo iure nos uti Pomponius scribit.

D. 3, 3, 38 *Idem libro quadragensimo ad edictum*

Non tamen eo usque procedendum erit, ut, si decem milia petantur et exstant duo defensores parati in quina defendere, audiantur.

D. 3, 3, 39pr. *Idem libro nono ad edictum*

Non solum autem in actionibus et interdictis et in stipulationibus debet dominum defendere, verum in interrogationibus quoque, ut in iure interrogatus ex omnibus causis respondeat, ex quibus dominus. an igitur heres sit absens, respondere debebit et si responderit vel tacuerit, tenebitur.

D. 3，3，37，1

问题产生了，当对方发起了数个诉讼，而在其间每个诉讼中有数个愿意承担辩护人角色的人时；尤里安说，他似乎被很好地辩护了，而彭波尼说我们适用这一规定，

D. 3，3，38 乌尔比安，《告示评注》第 40 卷

然而，如果案件起诉的是一万 < 币 >，而两个辩护人准备分别负责为五千 < 币 > 辩护，我们不能认为这会被允许。

D. 3，3，39pr. 乌尔比安，《告示评注》第 9 卷

< 代理人 > 不光应当在诉讼、禁令和裁判官的要式口约担保中为他的当事人辩护，还要在正式的质询中为他的当事人辩护，方式是，在诉讼中被正式质询时，在所有的情况下，像他的当事人应该回答的那样回答。因此他必须回答继承人是否缺席，不论他是回答还是保持沉默都应当承担相应的后果。

D. 3, 3, 39, 1

Qui alieno nomine agit quamcumque actionem, id ratum habiturum eum ad quem ea res pertinebit cavere debet. sed interdum licet suo nomine procurator experiatur, tamen de rato debebit cavere, ut Pomponius libro vicensimo quarto scribit. ut puta iusiurandum procuratori rettulit, iuravit absenti dari oportere: agit hoc iudicio suo nomine propter suum iusiurandum (neque enim haec actio domino competere potuit): sed debebit de rato cavere. sed et si procuratori constitutum est et ex ea causa agat: dubitandum non est, quin locus sit de rato cautioni, idque Pomponius scribit.

D. 3, 3, 39, 2

Quaeritur apud Iulianum: utrum dominum solum ratam rem habere debet satisdare an etiam ceteros creditores? et ait dumtaxat de domino cavendum nec illis verbis ' ad quem ea res pertinet' creditores contineri: nam nec ipsi domino haec incumbebat cautio.

D. 3, 3, 39, 3

Si de dote agat pater, cavere debet ratam rem filiam habituram: sed et defendere eam debet, ut et Marcellus scribit.

D. 3，3，39，1

为他人利益而提起任何诉讼的人，必须提供要式口约担保，以保证不论他做什么，本案的当事人都将认可诉讼结果。然而有时，虽然代理人以自己名义起诉，他仍然应当提供要式口约担保，保证他的行为会被认可，一如彭波尼在＜《告示评注》＞第24卷中所说的那样；比如，当另一方听由此代理人发誓，而他发誓说他对他缺席的当事人存在义务，那么根据他的发誓，他在这一诉讼中以自己的名义起诉（因为他的当事人不能提起这一诉讼）；然而代理人应该提供要式口约担保，保证诉讼结果会被认可。但是，即使议定：为了代理人，于固定期限内对一笔债务加以支付，而他以此名义起诉，此时无疑发生要式口约担保，以保证当事人认可诉讼结果，正如彭波尼所写的那样。

D. 3，3，39，2

尤里安被提问道，代理人应该提供担保人，是仅仅保证其当事人会认可之就行，还是也需要保证其他的债权人认可之才可以？他说，这要式口约担保只是关于当事人的，因为，在"有权起诉者"一语中，不包括其他债权人：事实上，连当事人也不用承担这个要式口约担保。

D. 3，3，39，3

当家父为其女的嫁资而提起诉讼，他必须提供担保，保证其女会认可＜诉讼结果＞，而且他必须为她辩护。如同马尔切勒所说的那样。

D. 3, 3, 39, 4

Si pater filii nomine iniuriarum agat, cum duae sint actiones una patris altera filii, cessat de rato cautio.

D. 3, 3, 39, 5

Si status controversiam cui faciat procurator, sive ex servitute in libertatem adversus eum quis litiget sive ipse ex libertate in servitutem petat, debet cavere ratam rem dominum habiturum. et ita edicto scriptum est, ut ex utroque latere quasi actor habeatur.

D. 3, 3, 39, 6

Est et casus, quo quis eiusdem actionis nomine et de rato caveat et iudicatum solvi. ut puta postulata est cognitio de in integrum restitutione, cum minor circumscriptus in venditione diceretur: alterius procurator existit: debet cavere hic procurator et ratam rem dominum habiturum, ne forte dominus reversus velit quid petere, item iudicatum solvi, ut si quid forte propter hanc restitutionem in integrum praestari adulescenti debeat, hoc praestetur. et haec ita Pomponius libro vicensimo quinto ad edictum scribit.

D. 3，3，39，4

当家父以其子的名义发起＜针对人身的＞侵辱之诉，因为＜在这种情况下＞存在两个诉，一个是由该家父发起，一个是由家子发起，所以不存在认可＜诉讼结果的＞担保。

D. 3，3，39，5

若代理人是一宗关于某人身份的争议中的一方，则不论是对方起诉他以求获得承认自由权而非奴役，还是该＜代理＞人声称对方是奴役而非自由的，他都应该提供要式口约担保，以保证他的当事人会认可＜争议的结果＞。这是在告示中被列明了的，因为他在两种情况下都被视为是原告。

D. 3，3，39，6

还存在着一种情况，在同一个案件中，有人提供要式口约担保，既保证被认可，也保证履行既决裁判；比如，声称未满25岁的未成年人在买卖中被欺骗，从而要求恢复原状，此时对方有代理人的；这个代理人必须给出要式口约担保，既保证当事人会认可＜诉讼结果＞，以免当事人回来后可能会做出一些要求。同样，也为了保证履行判决，为的是，如果由于恢复原状，必须要给此未成年人什么东西的话，可以被办到。彭波尼在《告示评注》25 卷中也这样说。

D. 3, 3, 39, 7

Item ait, si suspectus tutor postuletur, defensorem eius oportere etiam de rato cavere, ne reversus ille velit retractare quod actum est. sed non facile per procuratorem quis suspectus accusabi-
tur, quoniam famae causa est, nisi constet ei a tutore mandatum
nominatim, aut si etiam absente tutore, quasi non defenderetur,
praetor erat cogniturus.

D. 3, 3, 40pr. *Idem libro nono ad edictum*

Pomponius scribit non omnes actiones per procuratorem posse
quem instituere. denique ut liberi, qui in potestate absentis dicun-
tur, ducantur, interdictum non posse desiderare ait nisi, ut Iulianus ait, causa cognita, id est si et nominatim ei mandatum sit et
pater valetudine vel alia iusta causa impediatur.

D. 3, 3, 40, 1

Si stipuletur procurator damni infecti vel legatorum, debebit
de rato cavere.

D. 3，3，39，7

他还说，当一个监护人因为被怀疑＜不可信赖＞而被起诉，他的辩护人也必须提供要式口约担保，保证＜诉讼结果＞被认可，以免当事人回来后试图撤销辩护人所做的、程序上已议定的事。但是用代理人去替一个被怀疑的监护人应诉，不是一件容易的事，因为这案件涉及名声，除非代理人很明显是由监护人专门指派的，或者，虽然监护人不在场，但裁判官决定准备开始审理案件，并将案件视为无人辩护。

D. 3，3，40pr. 乌尔比安，《告示评注》第 9 卷

彭波尼说，不是所有的诉讼都可以由代理人发起。因此他说，不得＜通过代理人＞申请禁令，以移除被声称处于一个不在场者权力下的儿童，除非，如尤里安所说，提前打听情况，即，如果代理人被明白无误地委托这样做，而孩子之＜家＞父因病或其他正当事由不能这样做。

D. 3，3，40，1

当代理人要求对方为可能的损害提供要式口约担保，或者要求为支付遗赠提供担保，则他本人必须作出要式口约担保以保证其当事人会认可其行为。

D. 3, 3, 40, 2

Sed et is, qui quasi defensor in rem actione convenitur, praeter solitam satisdationem iudicatum solvi etiam de rato debet cavere. quid enim si in hoc iudicio rem meam esse pronuntietur, reversus ille, cuius defensor extiterat, velit fundum vindicare: nonne ratum non videbitur habere quod iudicatum est? denique si verus procurator extitisset vel ipse praesens causam suam egisset et victus esset: si a me vindicaret, exceptione rei iudicatae summoveretur, et ita Iulianus libro quinquagensimo digestorum scribit: nam cum iudicatur rem meam esse, simul iudicatur illius non esse.

D. 3, 3, 40, 3

Ratihabitionis autem satisdatio ante litis contestationem a procuratore exigitur: ceterum semel lite contestata non compelletur ad cautionem.

D. 3, 3, 40, 4

In his autem personis, in quibus mandatum non exigimus, dicendum est, si forte evidens sit contra voluntatem eos experiri eorum pro quibus interveniunt, debere eos repelli. ergo non exigimus ut habeant voluntatem vel mandatum, sed ne contraria voluntas probetur: quamvis de rato offerant cautionem.

D. 3, 3, 40, 2

同样还有那些在对物之诉中以辩护人身份被传唤的人，在惯常的履行既决判决的担保之外，＜他们＞还必须提供要式口约担保，保证＜诉讼的结果＞将受到认可。确实，在某块土地被判归我所有之后，如果之前由其辩护人出庭的当事人回来并想主张该土地，这看起来不正像是他没有认可其辩护人的行为么？事实上，如果存在一个真正的代理人，或者＜当事人＞亲自办理了其自己的案件，并且败诉了，之后他起诉我以恢复其财产，那他可能会被"既决物"抗辩所阻止，正如尤里安在《学说汇纂》第50卷中说道：当财产被判给了我，那么同时它也被判决不归他所有。

D. 3, 3, 40, 3

要求代理人提供认可＜诉讼结果的＞担保，是在案件受理以前；一旦案件受理后，他不能被强迫提供该担保。

D. 3, 3, 40, 4

对于那些不要求有委托＜便可承担辩护＞的人，必须说明的是，如果很明显他们是违背其当事人意愿起诉的，则他们的请求必须被驳回。因此，我们不要求存在着＜当事人的＞意愿或者委托，而是要求他们不违背其当事人的意志：即使他们可能会提供认可担保＜，我们仍作此要求＞。

D. 3, 3, 41 *Paulus libro nono ad edictum*

Feminas pro parentibus agere interdum permittetur causa cognita, si forte parentes morbus aut aetas impediat, nec quemquam qui agat habeant.

D. 3, 3, 42pr. *Idem libro octavo ad edictum*

Licet in popularibus actionibus procurator dari non possit, tamen dictum est merito eum qui de via publica agit et privato damno ex prohibitione adficitur, quasi privatae actionis dare posse procuratorem. multo magis dabit ad sepulchri violati actionem is ad quem ea res pertinet.

D. 3, 3, 42, 1

Ad actionem iniuriarum ex lege Cornelia procurator dari potest: nam etsi pro publica utilitate exercetur, privata tamen est.

D. 3, 3, 42, 2

Ea obligatio, quae inter dominum et procuratorem consistere solet, mandati actionem parit. aliquando tamen non contrahitur obligatio mandati: sicut evenit, cum in rem suam procuratorem praestamus eoque nomine iudicatum solvi promittimus: nam si ex ea promissione aliquid praestiterimus, non mandati, sed ex vendito (si hereditatem vendidimus), vel ex pristina causa mandati agere debemus: ut fit cum fideiussor reum procuratorem dedit.

D.3，3，41 保罗，《告示评注》第9卷

有时，在事先查明情况后，妇女被允许为其直系尊亲属起诉；比如，当他们因疾病、年老而不能起诉，而没人能代表他们的时候。

D.3，3，42pr. 保罗，《告示评注》第8卷

虽然，在民众诉讼中不能指派代理人，然而，曾经合理地提到的是，当一个人发起关于公共道路通行权的诉讼，并因为禁令而遭受私人的损失的，此时他可以像在私人诉讼中那样指派代理人。在侵犯坟墓的案件中，利益相关方就更有理由指派＜代理人＞了。

D.3，3，42，1

根据《科尔奈里亚法》，在＜针对人身的＞侵辱之诉中可以委派代理人：因为，尽管发起该诉讼是为了公共利益，但它仍然是私人的＜诉讼＞。

D.3，3，42，2

通常存在于当事人与代理人之间的债，促生了委托之诉；然而，有时候，并不缔结委托之债：当我们为代理人自身利益而委派他＜为代理人＞，并承诺在这样的情况下，将履行判决；事实上，如果我们基于该承诺而做出支付，则我们不能发起委托之诉，如果我们出售了一处财产，我们应当发起买卖之诉；或者前述的委托之诉，就像担保人将其主债务人指派为他的代理人时那样。

D. 3, 3, 42, 3

Is cui hereditas ex Trebelliano senatus consulto restituta est heredem iure dabit procuratorem.

D. 3, 3, 42, 4

Sed et dominum pignoris creditor recte dabit procuratorem ad Servianam.

D. 3, 3, 42, 5

Porro si uni ex reis credendi constitutum sit isque alium in constitutam pecuniam det, non negabimus posse dare. sed et ex duobus reis promittendi alter alterum ad defendendum procuratorem dabit.

D. 3, 3, 42, 6

Si plures heredes sint et familiae erciscundae aut communi dividundo agatur, pluribus eundem procuratorem non est permittendum dare, quoniam res expediri non potest circa adiudicationes et condemnationes: plane permittendum dare, si uni coheredi plures heredes existant.

D. 3, 3, 42, 3

那些根据《特里贝里安元老院谕令》被给予财产的人，可以合法地将其继承人指定为代理人。

D. 3, 3, 42, 4

同样，有质押的债权人，可以合法地在塞尔维安之诉中将被质押财产的主人指定为他的代理人。

D. 3, 3, 42, 5

此外，如果一方与几个共同债权人之中的一个人订立了协议＜保证＞支付限期清偿的债务，而这个人指派他们当中的另一个根据协议起诉，我们不否认他可以指派之。而当存在两个共同债务人时，他们当中的一个可以指派另一个来为自己辩护。

D. 3, 3, 42, 6

当存在着数个继承人，而提起一项分割遗产之诉，或者提起一项分割共有财产之诉时，不允许数个当事人指派同一个代理人，因为如果这样，就不可能实施裁决和判罪。但是，当一个共同继承人有数个继承人时，这肯定是允许的。

D. 3, 3, 42, 7

Reo latitante post litem contestatam ita demum fideiussores eum defendere videbuntur, si vel unus ex his eum pro solido defendat, vel omnes vel qui ex his unum dederint in quem iudicium transferetur.

D. 3, 3, 43pr. *Idem libro nono ad edictum*

Mutus et surdus per eum modum qui procedere potest procuratorem dare non prohibentur: forsitan et ipsi dantur non quidem ad agendum, sed ad administrandum.

D. 3, 3, 43, 1

Cum quaereretur, an alicui procuratorem habere liceat, inspiciendum erit, an non prohibeatur procuratorem dare, quia hoc edictum prohibitorium est.

D. 3, 3, 43, 2

In popularibus actionibus, ubi quis quasi unus ex populo agit, defensionem ut procurator praestare cogendus non est.

D. 3, 3, 43, 3

Is, qui curatorem alicui praesenti petat, non aliter audietur nisi adulto consentiente: quod si absenti, ratam rem eum habiturum necesse habet dare.

D. 3, 3, 42, 7

当被传唤的债务人于案件受理后躲藏起来，他的担保人被认为不允许为他辩护，除非：担保人中的一个承担了整个数额的辩护；或者所有担保人为之辩护；或者担保人中的一个人为之辩护，而此人是由其他担保人指派为代理人，且其他担保人向他移交了诉讼的。

D. 3, 3, 43pr. 保罗，《告示评注》第9卷

哑人或聋人，可以以他们自己所能够采取的任何方式指派代理人；这样的人自己也可以被指派为代理人，不是为了起诉，而是为了 <事务的> 管理。

D. 3, 3, 43, 1

当有人对此提问道，某人能不能有代理人，这必须被理解为，他是否被禁止指派代理人，因为本告示包含了禁止。

D. 3, 3, 43, 2

在民众诉讼中，当一方表现为民众的成员之一，则他不能被强迫作为代理人来进行辩护。

D. 3, 3, 43, 3

当某人请求为在场的一方指派保佐人，则该方必须是个成年人且对此指派表示同意，此请求才会被聆听；而如果该方不在场，则 <请求指派保佐人者> 应该提供认可担保。

D. 3, 3, 43, 4

Poena non defendentis procuratoris haec est, ut denegetur ei actio.

D. 3, 3, 43, 5

Si procurator agat et praesens sit absentis servus, Atilicinus ait servo cavendum, non procuratori.

D. 3, 3, 43, 6

Qui non cogitur defendere absentem, tamen si iudicatum solvi satisdedit defendendi absentis gratia, cogendum procuratorem iudicium accipere, ne decipiatur is qui satis accepit: nam eos, qui non coguntur rem defendere, post satisdationem cogi. Labeo causa cognita temperandum, et si captio actoris sit propter temporis tractum, iudicium eum accipere cogendum: quod si aut adfinitas dirempta sit aut inimicitiae intercesserint aut bona absentis possideri coeperint

D. 3, 3, 44 *Ulpianus libro septimo disputationum*

vel si longinquo sit afuturus vel alia iusta causa intervenerit,

D. 3，3，43，4

代理人不承担＜对其当事人的＞辩护的，对其的惩罚是，否认其诉权。

D. 3，3，43，5

当代理人起诉，而不在场的＜当事＞人的一个奴隶在场；阿迪里奇努斯说，应当向该奴隶作出要式口约担保，而不是向代理人。

D. 3，3，43，6

尽管一方不被迫为不在场的某人辩护，但是为了替不在场者辩护，他已经提供了保证履行既决判决的担保，则他必须被强迫以代理人的身份接受诉讼；以免被提供担保的人受欺骗；事实上，那些并非被迫为案件辩护的人，在提供担保之后，就被强迫＜为案件辩护＞。拉贝奥认为，事先查明案件事实后，应当允许宽免，以及，如果因时间流逝会对原告造成损失的，则＜另一方＞应当被迫进行该案件；相反，如果一些姻亲关系瓦解，或者各方之间产生了敌意，或者不在场者的财产被他人占有，

D. 3，3，44 乌尔比安，《论断集》第 7 卷

或者如果他即将远行，或者有其他正当理由时，

D. 3, 3, 45pr. *Paulus libro nono ad edictum*

non cogendum. Sabinus autem nullas praetoris partes esse ad compellendum defendere, sed ex stipulatu ob rem non defensam agi posse: at si iustas causas habeat, cur iudicium accipere nolit, fideiussores non teneri, quia vir bonus arbitraturus non fuerit, ut qui iustam excusationem adferret, defendere cogeretur. sed et si satis non dedit, sed repromittenti ei creditum est, idem statuendum est.

D. 3, 3, 45, 1

Qui ita de publico agunt, ut et privatum commodum defendant, causa cognita permittuntur procuratorem dare, et postea alius agens exceptione repelletur.

D. 3, 3, 45, 2

Si procuratori opus novum nuntiatum sit isque interdicto utatur ' ne ei vis fiat aedificanti ' , defensoris partes eum sustinere nec compelli cavere ratam rem dominum habiturum Iulianus ait, et si satisdederit, non animadverto, inquit Iulianus, quo casu stipulatio committatur.

D. 3，3，45pr. 保罗，《告示评注》第 9 卷

他不应该被强迫。萨宾认为，强迫一方为他人辩护，这不是裁判官的职责，他认为，在无人辩护的情况下，可基于担保承诺来发起诉讼；如果代理人有好的事由来拒绝在一个案件中出现的话，他的担保人没有法律责任，因为，有妥当事由的人被强迫来承担辩护，这样的审判不是＜告示要求的＞诚实的人会做的。如果他没有提供担保，但是他的承诺被信赖，则应当遵循相同的规则。

D. 3，3，45，1

为公共利益而起诉但又同时也为涉及私利的事件而辩护的各方，在表明妥当的事由后，可以被准许指派代理人；而任何在此之后起诉的人，将会被一项抗辩所阻止。

D. 3，3，45，2

当向代理人作出新施工报告，而他利用了"不能强迫建设的一方"这一禁令时；尤里安认为，他扮演了辩护人的角色，而不必提供要式口约担保以保证被当事人认可；如果他提供了担保，尤里安说，"我看不见在什么情况之下这要式口约担保会变得有效。"

D. 3, 3, 46pr. *Gaius libro tertio ad edictum provinciale*

Qui proprio nomine iudicium accepisset, si vellet procuratorem dare, in quem actor transferat iudicium, audiri debet sollemniterque pro eo[1] iudicatum solvi satisdatione cavere.

D. 3, 3, 46, 1

Ei qui defendit eum, cuius nomine ipse non agat, liberum est vel in unam rem defendere.

D. 3, 3, 46, 2

Qui alium defendit, satisdare cogitur: nemo enim alienae litis idoneus defensor sine satisdatione intellegitur.

D. 3, 3, 46, 3

Item quaeritur, si iudicium acceperit defensor et actor in integrum restitutus sit, an cogendus sit restitutorium iudicium accipere: et magis placet cogendum.

---

[1]   < eo > , vd. Mo. – Kr. , nt. 2.

D. 3, 3, 46pr. 盖尤斯，《行省告示评注》第 3 卷

当一方以自己的名义参与诉讼，如果他想指派代理人，并令原告将诉讼移交给该代理人，则他的意见应当被听取，而他应当替代理人庄严地给出履行判决的担保。

D. 3, 3, 46, 1

那些为他人辩护而不以他人名义起诉的人，可以仅仅为了一个问题而为他人辩护。

D. 3, 3, 46, 2

为他人辩护的人，被强迫提供担保，因为，在没有给出担保的情况下，没人会被认为是他人案件的合适辩护人。

D. 3, 3, 46, 3

同样产生的问题是，当辩护人同意进行诉讼，而原告获得了恢复原状，他能否被强迫承办一项恢复原状之诉？较好的观点似乎是，他可以被强迫这样做。

D. 3, 3, 46, 4

Procurator ut in ceteris quoque negotiis gerendis, ita et in litibus ex bona fide rationem reddere debet. itaque quod ex lite consecutus erit sive principaliter ipsius rei nomine sive extrinsecus ob eam rem, debet mandati iudicio restituere usque adeo, ut et si per errorem aut iniuriam iudicis non debitum consecutus fuerit, id quoque reddere debeat.

D. 3, 3, 46, 5

Item contra quod ob rem iudicatam procurator solverit, contrario mandati iudicio reciperare debet: poenam autem, quam ex suo delicto praestitit, reciperare non debet.

D. 3, 3, 46, 6

Litis impendia bona fide facta vel ab actoris procuratore vel a rei debere ei restitui aequitas suadet.

D. 3, 3, 46, 7

Si duobus mandata sit administratio negotiorum, quorum alter debitor sit mandatoris, an alter cum eo recte acturus sit? et utique recte: non enim ob id minus procurator intellegitur, quod is quoque cum quo agitur procurator sit.

D.3, 3, 46, 4

就像在所有其他事务的管理中一样，代理人在诉讼中也应当根据诚信作出汇报。因此，每当他在诉讼中获得了任何东西，不论是争议的客体本身，还是非它固有、却因它而起的＜东西＞，他都必须在委托之诉中归还；即使他是由于错误或者法官的不公正判决而得到了不应得之物，也应当归还。

D.3, 3, 46, 5

同样，从另一方面说，不论代理人为履行既决判决支付了多少，他都可以通过委托之诉的反诉而得到恢复；但是，对于任何因他自身的不法行为而造成的刑罚，不能被恢复。

D.3, 3, 46, 6

平等的要求是：在诉讼中由原告代理人或被告代理人因善意而产生的任何费用，都应当被付还给他们。

D.3, 3, 46, 7

当事务的管理经由委托而被托付给两个人，而这两人中一人系委托者的债务人，那么另外这个人可以合法地起诉他吗？毫无疑问，他可以这样做，因为即使他起诉的是一个代理人，他也依然被理解为是一个代理人。

D. 3, 3, 47 *Iulianus libro quarto ad Urseium Ferocem*

Qui duos procuratores omnium rerum suarum reliquit, nisi nominatim praecepit ut alter ab altero pecuniam petat, non videtur mandatum utrilibet eorum dedisse.

D. 3, 3, 48 *Gaius libro tertio ad edictum provinciale*

Itaque, si hoc specialiter mandatum est, tunc excipiente eo cum quo agitur ' si non mihi mandatum sit, ut a debitoribus peterem ' actorem ita debere replicare ' aut si mihi mandatum est, ut a te peterem ' .

D. 3, 3, 49 *Paulus libro quinquagensimo quarto ad edictum*

Ignorantis domini condicio deterior per procuratorem fieri non debet.

D. 3, 3, 50 *Gaius libro vicensimo secundo ad edictum provinciale*

Quacumque ratione procurator tuus a me liberatus est, id tibi prodesse debet.

D. 3, 3, 51pr. *Ulpianus libro sexagensimo ad edictum*

Minor viginti quinque annis si defensor existat, ex quibus causis in integrum restitui possit, defensor idoneus non est, quia et ipsi et fideiussoribus eius per in integrum restitutionem succurritur.

D. 3，3，47 尤里安，《乌尔赛·费罗克斯评注》

当一个人留下两个代理人来照看他的财产，除非他明确表示其中一个可以向另外一个要求所欠的金钱，否则不能认为＜当事人＞向任一代理人作出了这样的委托。

D. 3，3，48 盖尤斯，《行省告示评注》第 3 卷

因此，当这样一个明示的委托被给出时，如果两个代理人中被诉的那个代理人宣称："没有给我指令以向债务人作出请求"，原告可以反驳说："或者指令被给了我，来向你作出请求。"

D. 3，3，49 保罗，《告示评注》第 54 卷

当事人的状况，在他不知情的情况下，不能因代理人而被变得更糟。

D. 3，3，50 盖尤斯，《行省告示评注》第 22 卷

不论因何种原因，你的代理人被我豁免＜于债务＞，这都应该有利于你。

D. 3，3，51pr. 乌尔比安，《告示评注》第 60 卷

如果一个不足 25 岁的未成年人以辩护人身份出现，那么他在任何有权获得恢复原状的案件中，都不是适合的辩护人，因为恢复原状的规定，免除了他与他的担保人。

D. 3, 3, 51, 1

Quoniam tamen defendere est eandem vicem quam reus subire, defensor mariti in amplius quam maritus facere possit non est condemnandus.

D. 3, 3, 51, 2

Is qui suscepit defensionem, etsi locupletissimus sit,

D. 3, 3, 52 *Paulus libro quinquagensimo ad edictum*

etsi consularis sit,

D. 3, 3, 53 *Ulpianus libro sexagensimo ad edictum*

non videtur defendere, nisi satisdare fuerit paratus.

D. 3, 3, 54pr. *Paulus libro quinquagensimo ad edictum*

Neque femina neque miles neque qui rei publicae causa afuturus est aut morbo perpetuo tenetur aut magistratum initurus est aut invitus iudicium pati non potest, idoneus defensor intellegitur.

D. 3, 3, 54, 1

Tutores, qui in aliquo loco administraverunt, eodem loco et defendi debent.

D. 3, 3, 51, 1

因为承担辩护使人承担与被告一样的角色，丈夫的辩护人被判的责任不应该超过丈夫本人的可支付范围。

D. 3, 3, 51, 2

当一个人承担了辩护，即使他很富有，

D. 3, 3, 52 保罗，《告示评注》第 57 卷

即使是执政官级别，

D. 3, 3, 53 乌尔比安，《告示评注》第 60 卷

如果他没准备好提供担保，则他承担 < 他人的 > 辩护也被认为是不妥当的。

D. 3, 3, 54pr. 保罗，《告示评注》第 50 卷

妇女、士兵、即将因涉及公共利益的理由而缺席的人、有长期疾病的人、即将担任官员的人、不能违背自身意愿参与诉讼的人，以上这些人被认为不是合适的辩护人。

D. 3, 3, 54, 1

在特定的地点承担 < 监护责任 > 的监护人，也应当在同一地点承担辩护。

D. 3, 3, 55 *Ulpianus libro sexagensimo quinto ad edictum*

Procuratore in rem suam dato praeferendus non est dominus procuratori in litem movendam vel pecuniam suscipiendam: qui enim suo nomine utiles actiones habet, rite eas intendit.

D. 3, 3, 56 *Idem libro sexagensimo sexto ad edictum*

Ad rem mobilem petendam datus procurator ad exhibendum recte aget.

D. 3, 3, 57pr. *Idem libro septuagensimo quarto ad edictum*

Qui procuratorem dat, ut confestim agat, is intellegendus est permittere procuratori et postea litem peragere.

D. 3, 3, 57, 1

Si quis remisit exceptionem procuratoriam, non poterit ex paenitentia eam opponere.

D. 3, 3, 58 *Paulus libro septuagensimo primo ad edictum*

Procurator, cui generaliter libera administratio rerum commissa est, potest exigere, novare, aliud pro alio permutare.

D. 3，3，55 乌尔比安，《告示评注》第 65 卷

当某人在一件与其本人利益有关的事件中被指派为代理人，则在起诉和收钱的事情上不首选他的当事人：因为根据习惯，由那个以自己的名义发起扩用诉讼的人来起诉。

D. 3，3，56 乌尔比安，《告示评注》第 66 卷

为主张动产而被指派的代理人，完全可以要求＜在法庭上＞展示该动产。

D. 3，3，57pr. 乌尔比安，《告示评注》第 74 卷

那些指派代理人马上发起诉讼的人，应当被理解为，是允许代理人继续办理案件。

D. 3，3，57，1

当一方放弃对代理人提出异议，则之后即使他反悔，也不可再提出异议。

D. 3，3，58 保罗，《告示评注》第 71 卷

被委以自由管理财产之权力的代理人，可以要求＜履行＞、更新＜债务＞或者以物换物。

D. 3, 3, 59 *Idem libro decimo ad Plautium*

Sed et id quoque ei mandari videtur, ut solvat creditoribus.

D. 3, 3, 60 *Idem libro quarto responsorum*

Mandato generali non contineri etiam transactionem decidendi causa interpositam: et ideo si postea is qui mandavit transactionem ratam non habuit, non posse eum repelli ab actionibus exercendis.

D. 3, 3, 61 *Idem libro primo ad Plautium*

Plautius ait: procuratorem damnatum non debere conveniri, nisi aut in rem suam datus esset aut optulisset se, cum sciret cautum non esse, omnibus placuit. idem erit observandum et si defensoris loco cum satisdatione se liti optulerit.

D. 3, 3, 62 *Pomponius libro secundo ex Plautio*

Ad legatum petendum procurator datus si interdicto utatur adversus heredem de tabulis exhibendis, procuratoria exceptio, quasi non et hoc esset ei mandatum, non obstat.

D. 3, 3, 63 *Modestinus libro sexto differentiarum*

Procurator totorum bonorum, cui res administrandae mandatae sunt, res domini neque mobiles vel immobiles neque servos sine speciali domini mandatu alienare potest, nisi fructus aut alias res, quae facile corrumpi possunt.

D. 3，3，59 保罗，《普劳提评注》第 10 卷

他也被认为受到委托向债权人作出履行。

D. 3，3，60 保罗，《解答集》第 4 卷

和解的权力不在一般性的委托项之内，因此，如果委托人之后不认可和解，他可以行使他的诉权。

D. 3，3，61 保罗，《普劳提评注》第 1 卷

普劳提说，大家都认为，被判败诉的代理人不该成为＜执行中的＞被告；除非他被委派于一件与他自己利益相关的事情中，或者他在明知没有提供＜履行既决判决的要式口约担保＞的情况下主动承担这一位置。在他于诉讼中主动承担辩护并提供担保的情况下，也应当遵循这一规则。

D. 3，3，62 彭波尼，《普劳提评注》第 2 卷

当一名代理人被指派来要求遗赠，他对继承人使用禁令以禁止展示遗嘱文件，此时，以该代理人未被委托授权来抗辩不能被准许。

D. 3，3，63 莫特斯丁，《区别集》第 6 卷

被指派来处理当事人财产的代理人，一般来说，在没有专门委托的情况下，不得出让当事人的不动产或者动产，也不得出让奴隶，水果或其他容易腐烂的东西除外。

D. 3, 3, 64 *Idem libro tertio regularum*

Is, cuius nomine defensor exstitit, si ante litem contestatam in praesentia fuerit et postulet suo nomine litem suscipere, causa cognita audiendus est.

D. 3, 3, 65 *Modestinus libro singulari de heurematicis*

Si procuratorem absentem dominus satisdatione relevare velit, litteras suas ad adversarium derigere debebit, quibus significet, quem adversus eum procuratorem et in qua causa fecerit, ratumque se habiturum quod cum eo actum sit: hoc enim casu litteris eius adprobatis velut praesentis procuratorem intervenire intellegendum est. itaque etsi postea mutata voluntate procuratorem esse noluerit, tamen iudicium, quo quasi procurator expertus est, ratum esse debet.

D. 3, 3, 66 *Papinianus libro nono quaestionum*

Si is qui Stichum vel Damam, utrum eorum ipse vellet, stipulatus est et ratum habeat, quod alterum procuratorio nomine Titius petit: facit, ut res in iudicium deducta videatur, et stipulationem consumit.

D.3，3，64 莫特斯丁，《规则集》第 3 卷

如果辩护人所代表的当事人本人在案件受理前出现于法庭上，要求准许他以自己名义办理案件，查明案件事实后，他应当被准许。

D.3，3，65 莫特斯丁，《关于起草＜文件＞的忠告》

当一个当事人想为其不在场的代理人免去提供担保的必要，他应当致信给相对方，表明他已经指派了谁去起诉该相对方、以什么理由指派，并承诺他将认可该代理人所做的一切行为；在这种情况下，如果此信被承认是真的，则它被理解为，此代理人如同是在代理一位在场的当事人。因此，如果后来他改变了主意，不愿意继续让该方当他的代理人，作为代理人所进行的诉讼也仍然有效。

D.3，3，66 帕比尼安，《问题集》第 9 卷

当一个人以要式口约约定道："某乙或者某丙，不管他想要这两个奴隶中的哪个＜都可以＞。"而某甲以代理人身份起诉，并作出了这二者中的任一的诉请，而当事人认可他的行为。其结果是，此事必须被认为是在诉讼中被陈述的要求，而要式口约消灭。

D. 3, 3, 67 *Idem libro secundo responsorum*

Procurator, qui pro evictione praediorum quae vendidit fidem suam adstrinxit, etsi negotia gerere desierit, obligationis tamen onere praetoris auxilio non levabitur: nam procurator, qui pro domino vinculum obligationis suscepit, onus eius frustra recusat.

D. 3, 3, 68 *Idem libro tertio responsorum*

Quod procurator ex re domini mandato non refragante stipulatur, invito procuratore dominus petere non potest.

D. 3, 3, 69 *Paulus libro tertio responsorum*

Paulus respondit etiam eum, qui ad litem suscipiendam procuratorem dedit, causae suae adesse non prohiberi.

D. 3, 3, 70 *Scaevola libro primo responsorum*

Pater filio suo pupillo tutorem dedit Sempronium creditorem suum: is administrata tutela reliquit fratrem suum heredem, qui et ipse decessit et per fideicommissum nomen debitoris Titio reliquit eique mandatae sunt actiones ab heredibus: quaero, cum tam tutelae actio quam pecuniae creditae ex hereditate Sempronii descendant, an non aliter mandata actio ei detur, quam si defendat heredes, a quibus ei actiones mandatae sunt. respondi debere defendere.

D. 3，3，67 帕比尼安，《解答集》第 2 卷

当一个代理人以自己的名义为所卖的不动产担保，保证该不动产不受攫夺，那么就算通过裁判官的帮助，他也不能被免于债务责任，即使他在之后不再管理这些事务：因为，为了当事人而承担债务责任的代理人不得拒绝承担其负担。

D. 3，3，68 帕比尼安，《解答集》第 3 卷

当代理人通过要式口约作出了关于其当事人财产的承诺，且这与其所受的委托不矛盾，那么当事人不能发起诉讼作出违反代理人意愿的请求。

D. 3，3，69 保罗，《解答集》第 3 卷

保罗回复说，委托了代理人来辩护案件的一方，可以出现在自己的案件中。

D. 3，3，70 谢沃拉，《解答集》第 1 卷

家父指派了其债主某甲作为其子的监护人；而某甲在打理了监护事务之后，将自己的兄弟指定为继承人，而该兄弟也死亡，并将＜某甲留给他的＞债遗产信托给某乙，而＜该兄弟的＞继承人们将该债的诉权委托给某乙。监护之诉与借贷之诉都来源于某甲的遗产，我问，某乙是否只有在为继承人辩护的情况下才能被给予债务的诉权？我回答，他应该为他们辩护。

D. 3, 3, 71 *Paulus libro primo sententiarum*

Absens reus causas absentiae per procuratorem reddere potest.

D. 3, 3, 72 *Idem libro primo manualium*

Per procuratorem non semper adquirimus actiones, sed retinemus: veluti si reum conveniat intra legitimum tempus: vel si prohibeat opus novum fieri, ut interdictum nobis utile sit quod vi aut clam, nam et hic pristinum ius nobis conservat.

D. 3, 3, 73 *Idem libro singulari de officio adsessorum*

Si reus paratus sit ante litem contestatam pecuniam solvere, procuratore agente quid fieri oportet? nam iniquum est cogi eum iudicium accipere. propter quod suspectus videri potest, qui praesente domino non optulit pecuniam? quid si tunc facultatem pecuniae non habuit, numquid cogi debeat iudicium accipere? quid enim si et famosa sit actio? sed hoc constat, ut ante litem contestatam praeses iubeat in aede sacra pecuniam deponi: hoc enim fit et in pupillaribus pecuniis. quod si lis contestata est, hoc omne officio iudicis dirimendum est.

D. 3, 3, 74 *Ulpianus libro quarto opinionum*

Nec civitatis actor negotium publicum per procuratorem agere potest.

D. 3，3，71 保罗，《论点集》第 1 卷

缺席的被告人可以通过代理人来陈述他缺席的理由。

D. 3，3，72 保罗，《教科书》第 1 卷

我们并不总是通过代理人取得诉权，但我们保有诉权：比如，如果代理人在法律规定的时限内起诉被告，或者禁止新任务的出现，那么我们可以使用以"即用暴力或者以隐匿"开头的禁令：因为，我们的权利也被完好地保存在这里。

D. 3，3，73 保罗，《论法律顾问的义务》

当代理人起诉后、案件受理前，被告人已经准备好支付所欠的金钱，该怎么办？事实上，强迫被告参与审判是不公平的。从另外一方面来说，在当事人本人在场的情况下，<代理人>不提供所欠的金钱，这不是很可疑吗？而假如此时他没有钱，他应该被迫进行案件吗？如果这个诉讼是涉及不名誉的话怎么办？然而，确定的是：在案件受理前，行省总督可以命令将金钱存在庙宇中，就像在金钱属于被监护人的情况下那样。然而，当案件已经被受理，则事情由法官依职权评估解决。

D. 3，3，74 乌尔比安，《意见集》第 4 卷

一座城市的代表不能通过代理人处理关系公共利益的事情。

D. 3, 3, 75 *Iulianus* libro tertio digestorum

Qui absentem emptorem eundemque possessorem fundi defendebat et iudicium nomine eius accipiebat, postulabat a venditore fundi, ut ab eo defenderetur: venditor desiderabat caveri sibi ratam rem emptorem habiturum: puto eum venditori de rato satisdare debere, quia si fundum agenti restituerit, nihil prohibet dominum rem petere et cogi venditorem rursus defendere.

D. 3, 3, 76 *Idem* libro quinto ad Minicium

Titius cum absentem defenderet, satisdedit et prius quam iudicium acciperet desiit reus solvendo esse: quam ob causam defensor recusabat iudicium in se reddi oportere. quaero, an id ei concedi oporteat. Iulianus respondit: defensor cum satisdedit, domini loco habendus est. nec multum ei praestaturus est praetor, si eum non coegerit iudicium accipere, cum ad fideiussores eius iri possit et hi quidquid praestiterint a defensore consecuturi sint.

D. 3, 3, 77 *Paulus* libro quinquagensimo septimo ad edictum

Omnis qui defenditur boni viri arbitratu defendendus est.

D. 3, 3, 78pr. *Africanus* libro sexto quaestionum

Et ideo non potest videri boni viri arbitratu litem defendere is, qui actorem frustrando efficiat, ne ad exitum controversia deducatur.

D. 3，3，75 尤里安，《学说汇纂》第 3 卷

当代理人为一个不在场的土地买家辩护——这买家占有着＜被他人所主张的＞土地，并以自己的名义应诉——而要求土地的卖家应诉。而卖家要求此代理人提供要式口约担保、保证买家会认可＜案件结果＞。我的观点是，他＜代理人＞应当向卖主提供担保，不然的话，如果＜买家代理人＞将土地恢复给卖家，则没什么可以阻止＜买家＞当事人为同一土地起诉，并强迫卖家第二次应诉。

D. 3，3，76 尤里安，《米尼丘斯评注》第 5 卷

某甲，在为缺席的＜当事人＞辩护时，出具了担保，而在他办理案件前，缺席的＜当事＞人变得无力清偿了；因此原因，辩护人拒绝针对他自己继续进行案件。我问，他是否应当被允许这样做？尤里安回答说，辩护人在出具担保时，应当被认为是占据了当事人的位置。而如果裁判官并不强迫他接受共同诉讼，这将对他不太有利，因为追索可以向他的担保人进行，而担保人支付了以后，可以被辩护人偿付。

D. 3，3，77 保罗，《告示评注》第 57 卷

当一个人被辩护时，他应当按照公正人士的决定来被辩护。

D. 3，3，78pr. 阿富里坎，《问题集》第 6 卷

因此，那些通过阻挠原告来阻止争议事件解决的人，不能被认为是在按照公正人士的决定来辩护。

D. 3, 3, 78, 1

Ad duas res petendas procurator datus si unam rem petat, exceptione non excluditur et rem in iudicium deducit.

D. 3，3，78，1

当代理人被指派来起诉两项请求，而他只起诉了一项，他不能被 < 缺少委托的可反驳的 > 抗辩所阻碍，他在诉讼中 < 有效地 > 陈述请求。

IV

QUOD CUIUSCUMQUE UNIVERSITATIS NOMINE VEL CONTRA EAM AGATUR

D. 3, 4, 1pr. *Gaius libro tertio ad edictum provinciale*

Neque societas neque collegium neque huiusmodi corpus passim omnibus habere conceditur: nam et legibus et senatus consultis et principalibus constitutionibus ea res coercetur. paucis admodum in causis concessa sunt huiusmodi corpora: ut ecce vectigalium publicorum sociis permissum est corpus habere vel aurifodinarum vel argentifodinarum et salinarum. item collegia Romae certa sunt, quorum corpus senatus consultis atque constitutionibus principalibus confirmatum est, veluti pistorum et quorundam aliorum, et naviculariorum, qui et in provinciis sunt.

D. 3, 4, 1, 1

Quibus autem permissum est corpus habere collegii societatis sive cuiusque alterius eorum nomine, proprium est ad exemplum rei publicae habere res communes, arcam communem et actorem sive syndicum, per quem tamquam in re publica, quod communiter agi fierique oporteat, agatur fiat.

第四章
以任一团体名义进行的诉讼

D. 3，4，1pr. 盖尤斯，《行省告示评注》，第 3 卷

不是所有的人都被不加区分地允许来组建社团、行会或者类似的组织，因为这是由法律、元老院谕令、皇帝敕令所调整的。这样的组织，只在很少的情况下才被同意组建：比如，组建行会的权利被准予了那些收集公共税收的合伙人，或者那些＜开发＞金、银、盐矿的合伙人。

同样，在罗马也存在特定的行会，它们作为组织的存在被元老院谕令和皇帝敕令所认可：就像磨坊主行会或者其他＜类似的行会＞，还有船主行会，船主行会还存在于行省。

D. 3，4，1，1

当人们被允许组织社团、行会或者任何其他此类组织，那么他们就像一个公众共同体一样，可以拥有共同财产，他们可以拥有一个共同的财产箱，一个代表人或者一个代理人，就像在公众共同体的情况下一样，任何需要为全体人办理的事都通过他办理。

D. 3, 4, 1, 2

Quod si nemo eos defendat, quod eorum commune erit possideri et, si admoniti non excitentur ad sui defensionem, venire se iussurum proconsul ait. et quidem non esse actorem vel syndicum tunc quoque intellegimus, cum is absit aut valetudine impedietur aut inhabilis sit ad agendum.

D. 3, 4, 1, 3

Et si extraneus defendere velit universitatem, permittit proconsul, sicut in privatorum defensionibus observatur, quia eo modo melior condicio universitatis fit.

D. 3, 4, 2 *Ulpianus libro octavo ad edictum*

Si municipes vel aliqua universitas ad agendum det actorem, non erit dicendum quasi a pluribus datum sic haberi: hic enim pro re publica vel universitate intervenit, non pro singulis.

D. 3, 4, 3 *Idem libro nono ad edictum*

Nulli permittitur nomine civitatis vel curiae experiri nisi ei, cui lex permittit, aut lege cessante ordo dedit, cum duae partes adessent aut amplius quam duae.

D. 3, 4, 1, 2

如果一个组织<的成员中>没有人为组织辩护，行省总督<在告示中>说，他将下令占有该组织的共同财产，而在已经警告的情况下，如果他们还不赶快辩护，则他会下令出售这些财产。当然，我们理解，当代理人或代表人或不在场，或被疾病所阻碍，或无资格起诉时，不算<上面所说过的、代理人或代表人的缺乏辩护>。

D. 3, 4, 1, 3

当一个外人希望为团体辩护时，行省总督允许他这样做，一如在为私人辩护的情况下那样，因为以这种方式，团体的情况会得以改善。

D. 3, 4, 2 乌尔比安，《告示评注》，第8卷

当自治市的市民们或者任何团体的成员们，指定了一名代理人来打理他们法律上的事务，他不应被认为是由多人所指派的，因为他是代表了整个公众共同体或者团体出现的，而不是为了各个单个成员。

D. 3, 4, 3 乌尔比安，《告示评注》，第9卷

任何人不得以城市或者库里亚的名义发起诉讼，除非法律许可；或者除非，当不存在法律许可的时候，地方元老院有三分之二及以上成员在场，并投票委派他。

D. 3, 4, 4 *Paulus libro nono ad edictum*

Plane ut duae partes decurionum adfuerint, is quoque quem decernent numerari potest.

D. 3, 4, 5 *Ulpianus libro octavo ad edictum*

Illud notandum Pomponius ait, quod et patris suffragium filio proderit et filii patri,

D. 3, 4, 6pr. *Paulus libro nono ad edictum*

item eorum, qui in eiusdem potestate sunt: quasi decurio enim hoc dedit, non quasi domestica persona. quod et in honorum petitione erit servandum, nisi lex municipii vel perpetua consuetudo prohibeat.

D. 3, 4, 6, 1

Si decuriones decreverunt actionem per eum movendam quem duumviri elegerint, is videtur ab ordine electus et ideo experiri potest: parvi enim refert, ipse ordo elegerit an is cui ordo negotium dedit. sed si ita decreverint, ut quaecumque incidisset controversia, eius petendae negotium Titius haberet, ipso iure id decretum nullius momenti esse, quia non possit videri de ea re, quae adhuc in controversia non sit, decreto datam persecutionem. sed hodie haec omnia per syndicos solent secundum locorum consuetudinem explicari.

D. 3，4，4 保罗，《告示评注》，第 9 卷

很明显，为了造就地方元老院的三分之二，被指派者本人也可以被计算在内。

D. 3，4，5 乌尔比安，《告示评注》，第 8 卷

彭波尼说，值得注意的是，家父可以投票给家子，家子也可以投票给家父。

D. 3，4，6pr. 保罗，《告示评注》，第 9 卷

那些处于同一 <家父> 权力下的人们，其投票也一样 <有效>，因为他们是作为地方元老来投票，而不是以家中个人的身份。在选举执法官职务的时候也应遵循这一规则；除非一些地方性法律或者长久的习俗禁止这样做。

D. 3，4，6，1

如果地方元老们决定让两名联合执政所选择的人来发起诉讼，则此人被认为是由地方元老 <院> 选择的，因此他可以起诉：是由 <地方元老院> 本身选择了他，还是由经地方元老 <院> 授权的人选择了他，这不太重要。但是，如果他们决定，不论发生什么争议，某甲都将有权对此提起诉讼，则这项决议是依法绝对无效的，因为不能为了一件尚未在争议中的事情而授予诉权。但当今，根据各地方的习俗，所有此类事件都由代表人或代理人来打理。

D. 3, 4, 6, 2

Quid si actor datus postea decreto decurionum prohibitus sit,
an exceptio ei noceat? et puto sic hoc accipiendum, ut ei permissa
videatur, cui et permissa durat.

D. 3, 4, 6, 3

Actor universitatis si agat, compellitur etiam defendere, non
autem compellitur cavere de rato. sed interdum si de decreto dubi-
tetur, puto interponendam et de rato cautionem. actor itaque iste
procuratoris partibus fungitur et iudicati actio ei ex edicto non datur nisi in rem suam datus sit. et constitui ei potest. ex isdem causis mutandi actoris potestas erit, ex quibus etiam procuratoris. actor etiam filius familias dari potest.

D. 3, 4, 7pr. *Ulpianus libro decimo ad edictum*

Sicut municipum nomine actionem praetor dedit, ita et adversus eos iustissime edicendum putavit. sed et legato, qui in negotium publicum sumptum fecit, puto dandam actionem in municipes.

D. 3, 4, 7, 1

Si quid universitati debetur, singulis non debetur: nec quod
debet universitas singuli debent.

D. 3, 4, 6, 2

在指派代表人后，地方元老院后续的决议禁止他 < 起诉 > ，那么可以针对他提起 < 缺乏合法性 > 抗辩吗？我认为 < 是的 > ，因为这种情况应该这样处理：他只能在其许可存续期间起诉。

D. 3, 4, 6, 3

当团体的代表人发起诉讼，则在他发起诉讼的同时，他也必须为它辩护，但是他不须为 < 团体的 > 认可 < 诉讼结果 > 而提供担保。然而有时，当对 < 授权给他的 > 决议存在着疑问时，我认为，他应当提供认可担保。因此，这个代表人行使了诉讼代理人的职能，根据告示，不会授权他发起既决案之诉，除非他因自己的利益而被指派。可以与他约定限期清偿之债。更换团体代表人的选择，可以是出于与更换诉讼代理人一样的理由。家子也可以被指派为代表人。

D. 3, 4, 7pr. 乌尔比安，《告示评注》，第 10 卷

正如裁判官以自治市市民的名义而准予其诉权，他同样也认为，在告示中给出一种对抗他们的诉权是完全公平的。此外我认为，当代表人在公共事务中支付了费用时，应准予他诉权以对抗自治市市民们。

D. 3, 4, 7, 1

当任何东西是欠团体的，则它不是欠团体的任何个体成员的，团体所欠的东西亦非成员所欠。

D. 3, 4, 7, 2

In decurionibus vel aliis universitatibus nihil refert, utrum omnes idem maneant an pars maneat vel omnes immutati sint. sed si universitas ad unum redit, magis admittitur posse eum convenire et conveniri, cum ius omnium in unum recciderit et stet nomen universitatis.

D. 3, 4, 8 *Iavolenus libro quinto decimo ex Cassio*

Civitates si per eos qui res earum administrant non defenduntur nec quicquam est corporale rei publicae quod possideatur, per actiones debitorum civitatis agentibus satisfieri oportet.

D. 3, 4, 9 *Pomponius libro tertio decimo ad Sabinum*

Si tibi cum municipibus hereditas communis erit, familiae erciscundae iudicium inter vos redditur. idemque dicendum est et in finium regundorum et aquae pluviae arcendae iudicio.

D. 3, 4, 10 *Paulus libro primo manualium*

Constitui potest actor etiam ad operis novi nuntiationem et ad stipulationes interponendas, veluti legatorum, damni infecti, iudicatum solvi, quamvis servo potius civitatis caveri debeat: sed et si actori cautum fuerit, utilis actio administratori rerum civitatis dabitur.

D. 3，4，7，2

在涉及地方元老或者其他团体时，＜成员＞是不是都保持不变、抑或只有一部分不变、又或他们全被更换，这都没有区别。甚至当整个团体缩小至只有一个成员，更好的观点是，他可以起诉与被诉，因为所有人的诉权都集中于他一人，而团体的名义保留。

D. 3，4，8 雅沃伦，《卡修斯评注》，第 15 卷

当一个城市并没有被那些负责管理其财产的人所辩护，而且不存在可以取得占有的团体财产，那么那些起诉城市的人应当通过＜行使＞该城市对其债务人的诉权而获得支付。

D. 3，4，9 彭波尼，《萨宾评注》，第 13 卷

如果你与自治市的市民们共有一处遗产，则你们都有分割遗产的诉权。这＜条规定＞也适用于确立边界之诉和防止雨水流经宅基地之诉。

D. 3，4，10 保罗，《教科书》，第 1 卷

也可以为了新施工报告而指定＜团体的＞代表人，或者为了提供＜裁判官法庭担保的＞要式口约而指定＜团体的＞代表人，比如，在遗赠的情况下，在防止潜在侵害的情况下，或者在履行既决案的情况下，虽然＜裁判官法庭担保的＞要式口约被给予城市的奴隶比较可取，但是如果它被给予了代表人，则市政财产的管理人有权发起扩用诉讼。

V

DE NEGOTIIS GESTIS

D. 3, 5, 1 *Ulpianus libro decimo ad edictum*

Hoc edictum necessarium est, quoniam magna utilitas absentium versatur, ne indefensi rerum possessionem aut venditionem patiantur vel pignoris distractionem vel poenae committendae actionem, vel iniuria rem suam amittant.

D. 3, 5, 2 *Gaius libro tertio ad edictum provinciale*

Si quis absentis negotia gesserit licet ignorantis, tamen quidquid utiliter in rem eius impenderit vel etiam ipse se in rem absentis alicui obligaverit, habet eo nomine actionem: itaque eo casu ultro citroque nascitur actio, quae appellatur negotiorum gestorum. et sane sicut aequum est ipsum actus sui rationem reddere et eo nomine condemnari, quidquid vel non ut oportuit gessit vel ex his negotiis retinet: ita ex diverso iustum est, si utiliter gessit, praestari ei, quidquid eo nomine vel abest ei vel afuturum est.

第五章
关于管理＜他人＞事务

D.3，5，1 乌尔比安，《告示评注》，第10卷

下面的这则告示是很必要的，因为它十分有利于不在场的人遭他人占有其财产；或者避免其财产因为在诉讼中未被辩护而被出售；或者避免抵押物的出售；或者避免可期刑罚之诉讼；或者避免他们不公正地失去自己的财产。

D.3，5，2 盖尤斯，《行省告示评注》，第3卷

如果一个人管理了不在场者的事务，即使后者并不知道，那么，不管他为了他人的利益而花费了什么，或者不论他为了不在场者的财产向他人承担了何种债务，他都有权根据这理由提起诉讼：因此在这种情况下，于双方间产生一种诉权，叫作管理＜他人＞事务之诉。＜要求＞他＜管理他人事务者＞就其所做的作出汇报，而且当他没有以本该采用的方式来管理＜他人＞事务或者在管理＜他人＞事务时自己截留了一部分时，则他应当以此理由被判罪，这是很公平的；所以，相应地，如果他妥当地照看了他人的事务，则应当弥补他已经损失的或者将要损失的东西，这也是对的。

D. 3, 5, 3pr. *Ulpianus libro decimo ad edictum*

Ait praetor: 'Si quis negotia alterius, sive quis negotia, quae cuiusque cum is moritur fuerint, gesserit: iudicium eo nomine dabo. '

D. 3, 5, 3, 1

Haec verba 'si quis' sic sunt accipienda 'sive quae': nam et mulieres negotiorum gestorum agere posse et conveniri non dubitatur.

D. 3, 5, 3, 2

'Negotia' sic accipe, sive unum sive plura.

D. 3, 5, 3, 3

'Alterius', inquit: et hoc ad utrumque sexum refertur.

D. 3, 5, 3, 4

Pupillus sane si negotia gesserit, post rescriptum divi Pii etiam conveniri potest in id quod factus est locupletior: agendo autem compensationem eius quod gessit patitur.

D. 3, 5, 3, 5

Et si furiosi negotia gesserim, competit mihi adversus eum negotiorum gestorum actio: curatori autem furiosi vel furiosae adversus eum eamve dandam actionem Labeo ait.

D. 3，5，3pr. 乌尔比安，《告示评注》，第 10 卷

裁判官说："当一个人管理了他人的事务，或者管理了本该属于他人的事务，而该人实际已经死亡，则'我会根据＜管理他人事务＞这一理由而准他以诉权。'"

D. 3，5，3，1

这里所说的"一个人"，应当被理解为同样也指妇女；毫无疑问，妇女也可以基于＜他人＞事务管理的诉权起诉或者被诉。

D. 3，5，3，2

"事务"，既可以表示一件，也可以表示多件。

D. 3，5，3，3

"他人"指的可以是男人，也可以是女人。

D. 3，5，3，4

根据神君＜安东尼＞比乌斯皇帝的一则批复，当一个受监护人处理他人事务时，他可以在其财富增长的额度内被起诉；而当他发起诉讼的时候，他应该为他管理的事务承担赔偿。

D. 3，5，3，5

如果我管理了一名疯子的事务，那么我可以对他提起他人事务管理之诉。拉贝奥说，应当准予此疯子（男女皆可）的保佐人以诉权来起诉此疯子。

D. 3, 5, 3, 6

Haec verba: ' sive quis negotia, quae cuiusque cum is moritur fuerint, gesserit' significant illud tempus, quo quis post mortem alicuius negotia gessit: de quo fuit necessarium edicere, quoniam neque testatoris iam defuncti neque heredis qui nondum adiit negotium gessisse videtur. sed si quid accessit post mortem, ut puta partus et fetus et fructus, vel si quid servi adquisierint: etsi his verbis non continentur, pro adiecto tamen debent accipi.

D. 3, 5, 3, 7

Haec autem actio cum ex negotio gesto oriatur, et heredi et in heredem competit.

D. 3, 5, 3, 8

Si exsecutor a praetore in negotio meo datus dolum mihi fecerit, dabitur mihi adversus eum actio.

D. 3, 5, 3, 9

Interdum in negotiorum gestorum actione Labeo scribit dolum solummodo versari: nam si affectione coactus, ne bona mea distrahantur, negotiis te meis optuleris, aequissimum esse dolum dumtaxat te praestare: quae sententia habet aequitatem.

D. 3, 5, 3, 6

"或者管理了本该属于他人的事务，而该人实际已经死亡。"所指的时间段是，他在该人死亡后打理了其事务；就此，有必要专门设立一则告示条款，因为不能说他是处理了已死的立遗嘱者的事务，同样也不能说他是处理了还未继承财产的继承人的事务。不过，当该人死后，存在对其财产的增加物时——比如，奴隶的孩子、牲畜的崽、作物的收成或奴隶自己购买了的财产——虽然这些增加物并不被包括在告示的条款之内，但是，它们必须被认为是被包括在内的。

D. 3, 5, 3, 7

产生于管理他人事务的诉讼，可以由继承人提起，也可以向继承人提起。

D. 3, 5, 3, 8

如果裁判官指派来替我执行判决的人欺骗了我，我有权＜以他人事务管理之诉＞起诉他。

D. 3, 5, 3, 9

拉贝奥说，有时在管理＜他人＞事务之诉中，唯一要考虑的点是欺诈：比如，你出于情感干预了我的事务，以防止我的财产被出售，你只在欺诈的情况下才有责任。这一观点是体现公平的。

D. 3, 5, 3, 10

Hac actione tenetur non solum is qui sponte et nulla necessitate cogente immiscuit se negotiis alienis et ea gessit, verum et is qui aliqua necessitate urguente vel necessitatis suspicione gessit.

D. 3, 5, 3, 11

Apud Marcellum libro secundo digestorum quaeritur, si, cum proposuissem negotia Titii gerere, tu mihi mandaveris ut geram, an utraque actione uti possim? et ego puto utramque locum habere. quemadmodum ipse Marcellus scribit, si fideiussorem accepero negotia gesturus: nam et hic dicit adversus utrumque esse actionem.

D. 3, 5, 4 *Idem libro quadragensimo quinto ad Sabinum*

Sed videamus, an fideiussor hic habere aliquam actionem possit: et verum est negotiorum gestorum eum agere posse, nisi donandi animo fideiussit.

D. 3, 5, 5pr. *Idem libro decimo ad edictum*

Item si, cum putavi a te mihi mandatum, negotia gessi, et hic nascitur negotiorum gestorum actio cessante mandati actione. idem est etiam, si pro te fideiussero, dum puto mihi a te mandatum esse.

D. 3，5，3，10

可以被发起这＜管理他人事务之＞诉讼的人，不只是那些在无法律义务的情况下，自愿管理了他人事务的人；还有那些被一些义务或者以为存在的义务所驱使，而管理他人事务的人。

D. 3，5，3，11

马切鲁斯在《学说汇纂》第2卷中提问道，当我准备主动为某甲管理其事务，而你委托我这样做，那么我是否拥有两个诉权?[1]我想我是拥有两个诉权，一如马切鲁斯自己说，他认为，如果我在准备管理他人事务的时候接受了担保，我也一样拥有两种诉权。

D. 3，5，4 乌尔比安，《萨宾评注》，第45卷

让我们来考虑，在此情况下，担保人是不是拥有诉权；无疑他有权发起管理他人事务之诉，除非他完全是出于慷慨而提供了担保。

D. 3，5，5pr. 乌尔比安，《告示评注》，第10卷

同样，如果我因以为你已委托我这样做，而管理了你的事务，这时可以存在管理他人事务之诉，但不产生委托之诉；适用相同规则的情形还有：如果我以为你曾经委托我＜为你担保＞，而为你提供了担保。

---

〔1〕　译注：即管理他人事务之诉及委托之诉。

D. 3, 5, 5, 1

Sed et si, cum putavi Titii negotia esse, cum essent Sempronii, ea gessi, solus Sempronius mihi actione negotiorum gestorum
tenetur.

D. 3, 5, 5, 2

Iulianus libro tertio digestorum scribit, si pupilli tui negotia
gessero non mandatu tuo, sed ne tutelae iudicio tenearis, negotiorum gestorum te habebo obligatum: sed et pupillum, modo si locupletior fuerit factus.

D. 3, 5, 5, 3

Item si procuratori tuo mutuam pecuniam dedero tui contemplatione, ut creditorem tuum vel pignus tuum liberet, adversus te
negotiorum gestorum habebo actionem, adversus eum cum quo
contraxi nullam. quid tamen si a procuratore tuo stipulatus sum?
potest dici superesse mihi adversus te negotiorum gestorum actionem, quia ex abundanti hanc stipulationem interposui.

D. 3, 5, 5, 4

Si quis pecuniam vel aliam quandam rem ad me perferendam
acceperit: quia meum negotium gessit, negotiorum gestorum mihi
actio adversus eum competit.

D. 3, 5, 5, 1

还有假如，我以为此事是某甲的而管理之，而其实它是某乙的，那么只有某乙一人，基于管理他人事务之诉对我有责任。

D. 3, 5, 5, 2

尤里安在《学说汇纂》第 3 卷中说，如果我为了使你免于监护之诉，在未受你委托的情况下，管理了你的被监护人的事务；则我将使你在管理他人事务之诉中对我承担责任，我也有权起诉你的被监护人，不过只在他因此而获益的情况下。

D. 3, 5, 5, 3

此外，如果我以你的名义而借钱给你的代理人，使他得以付钱给你的债权人，或解除你被抵押的财产，我可以对你提起管理＜他人＞事务之诉，而不能起诉你那个与我订约的代理人。但是，如果我与你的代理人订约，使其向我保证其会将钱款还于我，那又会怎么样？可以说，我仍然以管理＜他人＞事务之诉起诉你，因为我的这个订约是多余的。

D. 3, 5, 5, 4

如果有人收下钱或者别的什么东西，为的是将其拿给我，则他这样做是管理了我的事务，我有权对他提起管理＜他人＞事务之诉。

D. 3, 5, 5, 5

Sed et si quis negotia mea gessit non mei contemplatione, sed sui lucri causa, Labeo scripsit suum eum potius quam meum negotium gessisse (qui enim depraedandi causa accedit, suo lucro, non meo commodo studet): sed nihilo minus, immo magis et is tenebitur negotiorum gestorum actione. ipse tamen si circa res meas aliquid impenderit, non in id quod ei abest, quia improbe ad negotia mea accessit, sed in quod ego locupletior factus sum habet contra me actionem.

D. 3, 5, 5, 6

Si quis ita simpliciter versatus est, ut suum negotium in suis bonis quasi meum gesserit, nulla ex utroque latere nascitur actio, quia nec fides bona hoc patitur. quod si et suum et meum quasi meum gesserit, in meum tenebitur: nam et si cui mandavero, ut meum negotium gerat, quod mihi tecum erat commune, dicendum esse Labeo ait, si et tuum gessit sciens, negotiorum gestorum eum tibi teneri.

D. 3, 5, 5, 7

Si quis quasi servus meus negotium meum gesserit, cum esset vel libertus vel ingenuus, dabitur negotiorum gestorum actio.

D. 3, 5, 5, 5

当有人管理我的事务，＜实质上＞不是以我的名义，而是为了牟利，拉贝奥说，他其实是在照看他自己的事情，而不是我的（因为，如果他为了偷我钱而管理我的财产，则他旨在有利于自己而不是我）：更有理由的是，他仍然应受到管理他人事务之诉。但是，如果他在管理我的事务的时候有所花费，他有权起诉我；不是为了他所损失的，而是在我获益数额的范围之内，因为他以不诚信的方式干涉我的事务。

D. 3, 5, 5, 6

当有人在管理他自己的事务的时候，轻率到几乎当作是在管理我的事务，则双方都不能提起诉讼，因为这是诚信所不允许的。而如果他管理了我们俩的一项事务，而以为那只是我一个人的事务，则他只对我的那一部分事务有责任：因为，即使我委托某人来处理我与你共同的事务，拉贝奥说，必须认为，如果他管理了你的事务，而且知道这事务也是你的，则他以管理＜他人＞事务而对你有责任。

D. 3, 5, 5, 7

如果有人自以为是我的奴隶，而管理了我的事务，而他是个被解放自由人或生来自由人，则可以准予他提起管理＜他人＞事务之诉。

D. 3, 5, 5, 8

Sed si ego tui filii negotia gessero vel servi, videamus, an tecum negotiorum gestorum habeam actionem. et mihi videtur
verum, quod Labeo distinguit et Pomponius libro vicensimo sexto
probat, ut, si quidem contemplatione tui negotia gessi peculiaria,
tu mihi tenearis: quod si amicitia filii tui vel servi, vel eorum contemplatione, adversus patrem vel dominum de peculio dumtaxat
dandam actionem. idemque est et si sui iuris esse eos putavi. nam
et si servum non necessarium emero filio tuo et tu ratum habueris,
nihil agitur ratihabitione eodem loco Pomponius scribit hoc adiecto, quod putat, etsi nihil sit in peculio, quoniam plus patri domi-
nove debetur, et in patrem dandam actionem, in quantum locupletior ex mea administratione factus sit.

D. 3, 5, 5, 9

Sed si hominis liberi qui tibi bona fide serviebat negotia gessero: si quidem putans tuum esse servum gessi, Pomponius scribit
earum rerum peculiarium causa, quae te sequi debent, tecum mihi fore negotiorum gestorum actionem, earum vero rerum, quae ipsum sequuntur, non tecum, sed cum ipso. sed si liberum scivi,
earum quidem rerum, quae eum sequuntur, habebo adversus eum
actionem, earum vero, quae te sequuntur, adversus te.

D. 3, 5, 5, 8

如果我管理了你的儿子或者奴隶的事务，让我们来考虑，我是否有权以管理＜他人＞事务之诉起诉你？在我看来，正确的是拉贝奥的意见，而这意见是彭波尼在＜《告示评注》＞第26卷中赞成的，即如果我以你的名义管理了与＜你儿子或者奴隶的＞特有产相关的事务，则你对我负有责任；如果我是出于对你儿子或者奴隶的友谊，或者以他们的名义，而管理了事务，则只在该特有产范围内，允许我对家父或者主人提起诉讼。此规则同样适用于当我以为他们是法律上独立的个人时。而如果我给你儿子＜以他的名义＞买了一个他不需要的奴隶，而你认可了这一购买，彭波尼在同一个地方说，你的认可是无效的，彭波尼还补充说道，即使在特有产中什么也没有——因为＜家子和奴隶＞欠家父和主人的数额要比该特有产的价值大——也应当给我以诉权，在因我的管理而获益的数额内，起诉家父或者主人。

D. 3, 5, 5, 9

如果我管理了一个自由人的事务，但他出于诚信仍然自认为是你的奴隶，而我管理他事务时以为他是你的奴隶，彭波尼说，我有权在此奴隶属于你的特有产范围内、以管理＜他人＞事务之诉起诉你；至于属于他的特有产，我不能起诉你，得起诉他。不过，即使我知道他是自由人，我也可以为了那些属于他的财产而起诉他，为那些属于你的财产而起诉你。

D. 3, 5, 5, 10

Si Titii servum putans, qui erat Sempronii, dedero pecuniam ne occideretur, ut Pomponius ait, habebo negotiorum gestorum adversus Sempronium actionem.

D. 3, 5, 5, 11

Item quaeritur apud Pedium libro septimo, si Titium quasi debitorem tuum extra iudicium admonuero et is mihi solverit, cum debitor non esset, tuque postea cognoveris et ratum habueris: an negotiorum gestorum actione me possis convenire. et ait dubitari posse, quia nullum negotium tuum gestum est, cum debitor tuus non fuerit. sed ratihabitio, inquit, fecit tuum negotium: et sicut ei a quo exactum est adversus eum datur repetitio qui ratum habuit, ita et ipsi debebit post ratihabitionem adversus me competere actio. sic ratihabitio constituet tuum negotium, quod ab initio tuum non erat, sed tua contemplatione gestum.

D. 3, 5, 5, 12

Idem ait, si Titii debitorem, cui te heredem putabam, cum esset Seius heres, convenero similiter et exegero, mox tu ratum habueris: esse mihi adversus te et tibi mutuam negotiorum gestorum actionem. adquin alienum negotium gestum est: sed ratihabitio hoc conciliat: quae res efficit, ut tuum negotium gestum videatur et a te hereditas peti possit.

D. 3，5，5，10

彭波尼说，如果我付钱以防止某甲的奴隶被杀死，以为这奴隶是属于某乙的，则我可以以管理＜他人＞事务之诉起诉某甲。

D. 3，5，5，11

同样，佩迪乌斯在＜《告示评注》＞第7卷中问道：如果我以为某甲是你的债务人，于是在法庭职权之外勒令他支付，而他虽然不是＜你的＞债务人却向我进行了支付，而你接着知道了并认可了＜他的行为＞，在此情况下你能否以管理＜他人＞事务之诉起诉我？佩迪乌斯说，这是令人怀疑的，因为你并没有事务被管理了，因为该人并不是你的债务人。但佩迪乌斯认为，认可使之＜该事务＞变成了你的事务；正如被要求支付了的某甲有权对认可者提出索回＜数目＞，同样，认可者在认可之后也可以对我提起诉讼。本质上，该事务一开始并不是你的事务，但因你的缘故而被管理，则你的认可使该事务变成了你的事务。

D. 3，5，5，12

他＜佩迪乌斯＞还说，如果我以相似的方式传唤了某甲的债务人——我以为某甲的继承人是你，而＜某甲的＞继承人是某乙——并收了款项，而你之后认可了，则我可以对你提起管理＜他人＞事务之诉，而你也可以反过来＜以管理他人事务之诉起诉我＞。总之，被管理的是他人的事务，但＜你的＞认可将之改写，结果就是，被管理的事务成为你的事务，而＜某乙＞可以＜在所收财产的范围内＞向你请求支付遗产。

D. 3, 5, 5, 13

Quid ergo, inquit Pedius, si, cum te heredem putarem, insulam fulsero hereditariam tuque ratum habueris, an sit mihi adversus te actio? sed non fore ait, cum hoc facto meo alter sit locu-
pletatus et alterius re ipsa gestum negotium sit, nec possit, quod
alii adquisitum est ipso gestu, hoc tuum negotium videri.

D. 3, 5, 5, 14

Videamus in persona eius, qui negotia administrat, si quaedam gessit quaedam non, contemplatione tamen eius alius ad haec
non accessit, et si vir diligens (quod ab eo exigimus) etiam ea
gesturus fuit: an dici debeat negotiorum gestorum eum teneri et
propter ea quae non gessit? quod puto verius. certe si quid a se
exigere debuit, procul dubio hoc ei imputabitur. quamquam enim
hoc ei imputari non possit, cur alios debitores non convenerit,
quoniam conveniendi eos iudicio facultatem non habuit, qui nullam actionem intendere potuit: tamen a semet ipso cur non exegerit, ei imputabitur: et si forte non fuerit usurarium debitum, in-
cipit esse usurarium, ut divus Pius Flavio Longino rescripsit: nisi
forte, inquit, usuras ei remiserat:

D. 3, 5, 6 *Paulus libro nono ad edictum*

quia tantundem in bonae fidei iudiciis officium iudicis valet,
quantum in stipulatione nominatim eius rei facta interrogatio.

D. 3，5，5，13

佩迪乌斯问，如果我在认为你是继承人的情况下，修理了一处属于遗产的房舍，而你认可了我的行为，又是什么情况？我有权起诉你吗？他说，这就没有依据了，因为因我的行为而获益的是别人，客观上被管理的是别人的事务，所以，通过管理而为他人获得的利益，不应当被认为是你的事务。

D. 3，5，5，14

当一个人在管理他人事务时，料理了一些事务、忽视了另一些事务，而别人因为注意到有他在照看事务而并未干涉这些事务，即使一个勤勉的人（这是我们要求的）本该照看所有这些事情，我们来看看是否应当认为，他应当根据管理＜他人＞事务而为那些他所忽视的东西承担责任？我认为，这是更好的观点。当然，如果他作为债务人，应当＜替人＞从他自己那儿收取一笔款项＜而未收＞，则他无疑将被诉。事实上，尽管他因未被授权起诉而无权起诉其他债务人，因此不会因未起诉其他债务人而被诉，但他仍会因为未收取涉及他自己的款项而被起诉；如果此债务不产生利息，则它开始计息，正如神君＜安东尼＞庇乌斯在发给弗拉维乌斯·隆琴的批复中说的；＜该批复＞说，除非当事人免其支付利息，

D. 3，5，6 保罗，《告示评注》，第 9 卷

因为，在诚信诉讼中，法官依职权作出的决定，与在订约纠问中，对债的内容的详细描述拥有相同的效力。

D. 3, 5, 7pr. *Ulpianus libro decimo ad edictum*

Si autem is fuit qui negotia administravit a quo mandatum non exigebatur, posse ei imputari, cur oblata de rato cautione eum non convenit: si modo facile ei fuerit satisdare. certe in sua persona indubitatum est: et ideo si ex causa fuit obligatus, quae certo tempore finiebatur, et tempore liberatus est, nihilo minus negotiorum gestorum actione erit obligatus. idem erit dicendum et in ea causa, ex qua heres non teneretur, ut Marcellus scribit.

D. 3, 5, 7, 1

Item si fundum tuum vel civitatis per obreptionem petiero negotium tuum vel civitatis gerens et ampliores quam oportuit fructus fuero consecutus, debebo hoc ipsum tibi vel rei publicae praestare, licet petere non potuerim.

D. 3, 5, 7, 2

Si quocumque modo ratio compensationis habita non est a iudice, potest contrario iudicio agi: quod si post examinationem reprobatae fuerint pensationes, verius est quasi re iudicata amplius agi contrario iudicio non posse, quia exceptio rei iudicatae opponenda est.

D. 3，5，7pr. 乌尔比安，《告示评注》，第 10 卷

然后，如果管理＜他人＞事务的人，是一个不要求有＜他人＞委托的人，则可以起诉他未在诉讼中——以向他＜即债务人＞提供担保人、保证＜当事人＞会认可＜诉讼结果＞之方式（只要对他来说是容易提供的）——传唤＜债务人＞。当然，＜可以起诉他没有收取＞自己的款项，这没有疑问；如果他是依据一个有特定时限的事由而有责任，并因时限到期而解脱，则仍会因管理＜他人＞事务而有责任。马切鲁斯认为，同一规则必须适用于继承人没责任的情形。

D. 3，5，7，1

同样，如果我在管理你的或者城市的事务过程中，使用诡计来要求一块你的或者城市的土地，所获利益超过了我有权获得的利益，则我必须对你或者对城市负责，虽然我本不能要求之。

D. 3，5，7，2

如果，不管因为什么原因，法官没有作出抵偿计算，则可以发起＜管理他人事务＞诉讼的反诉；但是假如，在检查之后，抵偿被拒绝，较好的观点是，不能提起反诉，因为此事在法律上已决，可基于"既决物"提出抗辩。

D. 3, 5, 7, 3

Iulianus libro tertio tractat, si ex duobus sociis alter me pro-
hibuerit administrare, alter non: an adversus eum qui non prohibuit habeam negotiorum gestorum actionem? movetur eo, quod, si
data fuerit adversus eum actio, necesse erit et eum pertingi qui ve-
tuit: sed et illud esse iniquum eum qui non prohibuit alieno facto
liberari, cum et si mutuam pecuniam alteri ex sociis prohibente
socio dedissem, utique eum obligarem. et puto secundum Iulianum debere dici superesse contra eum qui non prohibuit negotiorum gestorum actionem, ita tamen ut is qui prohibuit ex nulla parte neque per socium neque per ipsum aliquid damni sentiat.

D. 3，5，7，3

尤里安在＜《学说汇纂》＞第3卷中论述了下列情况：在两个合伙人中，一个反对了我管理＜合伙事务＞，另一个不反对：那我可以对那个不反对的合伙人提起管理＜他人＞事务之诉吗？此种情形使他＜即尤里安＞产生这么一个问题：如果允许起诉他＜即不反对的合伙人＞，则诉讼必须延及那个反对的合伙人；而若让那个不反对的合伙人因他人的行为而受宽免，这又不公平，因为，如果我在一个合伙人的明示反对下借钱给了另一合伙人，那么后者肯定须对我承担债务。对此，我同意尤里安的观点，即应当认为，我可以以管理＜他人＞事务之诉起诉那个不反对的合伙人，但方式是，那个反对的合伙人不因此而受到损失，不论是通过＜不反对的＞合伙人＜使其受损失＞，还是通过事务管理人＜使其受损失＞。

D. 3, 5, 8 *Scaevola libro primo quaestionum*

Pomponius scribit, si negotium a te quamvis male gestum probavero, negotiorum tamen gestorum te mihi non teneri. videndum ergo, ne in dubio hoc, an ratum habeam, actio negotiorum gestorum pendeat: nam quomodo, cum semel coeperit, nuda voluntate tolletur? sed superius ita verum se putare, si dolus malus a te absit. Scaevola: immo puto et si comprobem, adhuc negotiorum gestorum actionem esse, sed eo dumtaxat[1] te mihi non teneri, quod reprobare non possim semel probatum: et quemadmodum quod utiliter gestum est necesse est apud iudicem pro rato haberi, ita omne quod ab ipso probatum est. ceterum si ubi probavi, non est negotiorum actio: quid fiet, si a debitore meo exegerit et probaverim? quemadmodum recipiam? item si vendiderit? ipse denique si quid impendit, quemadmodum recipiet? nam utique mandatum non est. erit igitur et post ratihabitionem negotiorum gestorum actio.

D. 3, 5, 9 pr *Ulpianus libro decimo ad edictum*

Sed an ultro mihi tribuitur actio sumptuum quos feci? et puto competere, nisi specialiter id actum est, ut neuter adversus alterum habeat actionem.

---

[1]   (dictum), vd. Mo. – Kr. , nt. 11.

D. 3，5，8 谢沃拉，《问题集》，第 1 卷

彭波尼说，如果我批准了一件被你管理得很糟糕的事，则你无论如何不因为管理＜他人＞事务而对我承担责任。因此，尽管我是否认可尚属存疑，但必须要考虑的是，基于管理＜他人＞事务的诉权是不是也悬而未决；因为，一旦开始有权＜起诉＞，它怎么能被区区意志所撤销？不过，彭波尼认为，这＜即你没有责任＞仅仅在你没有故意的情况下才是对的。谢沃拉说，即使我认可了，管理他人事务之诉也依然存在，限度是你对我不承担责任，因为我不能否认自己曾经同意的事情，正如在法官面前应当将妥善办理的事情视为被认可的，任何被＜当事人＞本人批准的事情也一样＜应视为被认可的＞。此外，当我已经批准时，如果不再有＜他人＞事务管理之诉，那么如果＜事务管理人＞对我的一个债务人要求履行＜债务＞，而我认可了，这时该怎么办？我该怎么恢复它？同样，如果他出售了属于我的财产＜又怎么办＞呢？若他有所花费，那么他该如何恢复之？因为不存在委托，所以，即使是在认可之后，也存在事务＜他人＞管理之诉。

D. 3，5，9pr. 乌尔比安，《告示评注》，第 10 卷

但是，当涉及他人的时候，我能为我所造成的花费起诉吗？我认为是可以的，除非双方明示约定不可相互起诉。

D. 3, 5, 9, 1

Is autem qui negotiorum gestorum agit non solum si effectum habuit negotium quod gessit, actione ista utetur, sed sufficit, si utiliter gessit, etsi effectum non habuit negotium. et ideo si insulam fulsit vel servum aegrum curavit, etiamsi insula exusta est vel servus obiit, aget negotiorum gestorum: idque et Labeo probat. sed ut Celsus refert, Proculus apud eum notat non semper debere dari. quid enim si eam insulam fulsit, quam dominus quasi inpar sumptui dereliquerit vel quam sibi necessariam non putavit? oneravit, inquit, dominum secundum Labeonis sententiam, cum unicuique liceat et damni infecti nomine rem derelinquere. sed istam sententiam Celsus eleganter deridet: is enim negotiorum gestorum, inquit, habet actionem, qui utiliter negotia gessit: non autem utiliter negotia gerit, qui rem non necessariam vel quae oneratura est patrem familias adgreditur. iuxta hoc est et, quod Iulianus scribit, eum qui insulam fulsit vel servum aegrotum curavit, habere negotiorum gestorum actionem, si utiliter hoc faceret, licet eventus non sit secutus. ego quaero: quid si putavit se utiliter facere, sed patri familias non expediebat? dico hunc non habiturum negotiorum gestorum actionem: ut enim eventum non spectamus, debet utiliter esse coeptum.

D. 3, 5, 9, 1

当一个人发起他人事务管理之诉，他不是仅仅在所做的行为有好结果时才能起诉，相反，他只要妥当地处理了该事务就够了，即使它没有产生成果。因此，如果他修理了一座建筑，或者医治了患病奴隶，即使该建筑被烧或该奴隶死亡，他依然有权提起他人事务管理之诉；这一观点也被拉贝奥所接受。但切尔苏说，普罗库勒在一篇关于拉贝奥的注解中说，此诉讼不该总被准许。因为，如果他所修的房子是房主放弃的，因为该房不值得修理或者房主认为不需要修理，此时会怎么样？根据拉贝奥的观点，虽然任何人都有权放弃财产，即使是在潜在损害的情况下，但是他＜管理人＞还是将负担强加给了房主。切尔苏优雅地揶揄了这一观点，他说，以妥当方式处理事务的人有权提起管理他人事务之诉；但那些展开不必要的活动或对家父构成负担的活动的人，并不算以妥当的方式管理了事务。与此相似的还有尤里安所写的：修理房子或者治疗病奴的人，如果他做的事是有益的，那么尽管所追求的结果并未达成，他也有权提起管理＜他人＞事务之诉。我问，如果管理人以为他的行为是有益的，但＜该管理＞无益于家主，这时该怎么办？我说，他无权提起＜他人＞事务管理之诉：因为虽说我们不考虑结果，但＜管理＞在开始时总应该是有益的。

D. 3, 5, 10 *Pomponius libro vicensimo primo ad Quintum Mucium*

Si negotia absentis et ignorantis geras, et culpam et dolum praestare debes. sed Proculus interdum etiam casum praestare debere, veluti si novum negotium, quod non sit solitus absens facere, tu nomine eius geras: veluti venales novicios coemendo vel aliquam negotiationem ineundo. nam si quid damnum ex ea re secutum fuerit, te sequetur, lucrum vero absentem: quod si in quibusdam lucrum factum fuerit, in quibusdam damnum, absens pensare lucrum cum damno debet.

D. 3, 5, 11 pr. *Ulpianus libro decimo ad edictum*

Successori eius, cuius fuerunt negotia, qui apud hostes decessit, haec actio danda erit.

D. 3, 5, 11, 1

Sed si filii familias militis defuncti testamento facto gessi, similiter erit danda actio.

D. 3, 5, 11, 2

Sicut autem in negotiis vivorum gestis sufficit utiliter negotium gestum, ita et in bonis mortuorum, licet diversus exitus sit secutus.

D. 3，5，10 彭波尼，《对昆图斯·穆齐的课文的评注》，第21卷

如果你管理了一个不在场的人的事务，而他对此不知情，则你应当为过失和故意承担责任。但普罗库勒认为，你有时应当为意外负责，比如，当你以他的名义管理了一些新的事务，＜而这些事务＞是他所不习惯处理的，比如，为了转售而大量购买一些刚刚变成奴隶的人，或者开始某种商业活动。因为，如果因这行为而带来损失，应当由你承担，但获利应当归于＜不在场的当事人＞；而当有时在一些情况下获利，在另外一些情况下招致损失的，则不在场的当事人应当将获利与损失相抵销。

D. 3，5，11pr. 乌尔比安，《告示评注》，第10卷

当一个人在敌人手中被杀死，而他的财产被他人管理，则他的继承人有权提起管理＜他人＞事务之诉。

D. 3，5，11，1

当我处理了某个处于父权下的家子的事务，而此家子是士兵，他在订立遗嘱后死亡了，那么我也有权提起管理＜他人＞事务之诉。

D. 3，5，11，2

在管理活人的事务的情况下，只要该管理是有益的，就足够了，那么在管理死者遗产的时候，也是一样，即使所得的结果有所不同。

D. 3, 5, 12 *Paulus libro nono ad edictum*

Debitor meus, qui mihi quinquaginta debebat, decessit: huius hereditatis curationem suscepi et impendi decem: deinde redacta ex venditione rei hereditariae centum in arca reposui: haec sine culpa mea perierunt. quaesitum est, an ab herede, qui quandoque extitisset, vel creditam pecuniam quinquaginta petere possim vel decem quae impendi. Iulianus scribit in eo verti quaestionem, ut animadvertamus, an iustam causam habuerim seponendorum centum: nam si debuerim et mihi et ceteris hereditariis creditoribus solvere, periculum non solum sexaginta, sed et reliquorum quadraginta me praestaturum, decem tamen quae impenderim retenturum, id est sola nonaginta restituenda. si vero iusta causa fuerit, propter quam integra centum custodirentur, veluti si periculum erat, ne praedia in publicum committerentur, ne poena traiecticiae pecuniae augeretur aut ex compromisso committeretur: non solum decem, quae in hereditaria negotia impenderim, sed etiam quinquaginta quae mihi debita sunt ab herede me consequi posse.

D. 3, 5, 13 *Ulpianus libro decimo ad edictum*

Si filius familias negotia gessisse proponatur, aequissimum erit in patrem quoque actionem dari, sive peculium habet sive in rem patris sui vertit: et si ancilla, simili modo.

D. 3, 5, 12 保罗,《告示评注》, 第9卷

欠我50＜币＞的债务人死亡了, 我照看了他的遗产, 并花费了10＜币＞; 然后, 我在一个保险箱中存入100＜币＞, 这是出售遗产中的一宗财产的所得。而这100＜币＞在我没有过错的情况下被弄丢了。此时问题产生了, 我是否可以向继承人主张——不论他是谁、何时成为的继承人——我借出的50＜币＞和我所花费的10＜币＞? 尤里安说, 该问题取决于, 我是不是有好的理由来存储那100＜币＞: 因为, 如果我＜只是＞需要支付给我自己和其他的继承债权人, 则我应当承受的风险不仅仅是60＜币＞, 还有另外的那40＜币＞; 不过, 我可以留下我花费的10＜币＞, 这就是说, 我只需归还90＜币＞。但是, 如果存在好的事由来存放那100＜币＞——比如, 土地存在着被移交国库的风险, 或者, 对航海借贷的刑罚增加, 或者, 为＜确立仲裁＞的仲裁协议的刑罚变得生效——则我不但可以从继承人处收得我为管理遗产事务而花费的10＜币＞, 我还能收取欠我的50＜币＞。

D. 3, 5, 13 乌尔比安,《告示评注》, 第10卷

当一个父权下的家子处理他人事务, 不管该家子是不是有特有产, 或者他是不是向他家父的财产中转入了一些东西, 允许＜被管理事务者＞起诉他＜即该家子＞的家父, 这是公平的。当一名女奴隶管理事务的时候, 也适用相同的规则。

D. 3, 5, 14 *Paulus libro nono ad edictum*

Pomponius libro vicensimo sexto in negotiis gestis initio cuiusque temporis condicionem spectandam ait. quid enim, inquit,
si pupilli negotia coeperim gerere et inter moras pubes factus sit?
vel servi aut filii familias et interea liber aut pater familias effectus
sit? hoc et ego verius esse didici, nisi si ab initio quasi unum negotium gesturus accessero, deinde alio animo ad alterum accessero
eo tempore, quo iam pubes vel liber vel pater familias effectus
est: hic enim quasi plura negotia gesta sunt et pro qualitate personarum et actio formatur et condemnatio moderatur.

D. 3, 5, 15 *Idem libro septimo ad Plautium*

Sed et cum aliquis negotia mea gerat, non multa negotia
sunt, sed unus contractus, nisi si ab initio ad unum negotium accessit, ut finito eo discederet: hoc enim casu si nova voluntate aliud quoque adgredi coeperit, alius contractus est.

D. 3，5，14 保罗，《告示评注》，第 9 卷

彭波尼在＜《告示评注》＞第 26 卷中说，在管理他人事务时，必须考虑任何时段刚开始时＜利益相关人＞的个人情况。因为，如他所说："假设我开始管理一个被监护人的事务，而与此同时他达到了适婚的年纪，那会发生什么？或者事务是属于奴隶或者父权下的家子的，而他们与此同时变成了解放自由人或者家父，那会发生什么？"我已经了解到，这是较好的观点，除非，在开始的时候，我只承担了事务中的一件事务，而后来，在他变成适婚人、解放自由人、家父后，我又出于别的意图而承担了另外一件事务；在这种情况下，等于管理了数件事务，故诉讼和判决都将根据此人的情况而加以安排与调整。

D. 3，5，15 保罗，《普劳提评注》，第 7 卷

当有人管理我的事务，不存在数个不同的事务＜的管理＞，而只是单一的合约之债，除非该人从刚开始的时候就只承担了一件事，且打算在它完成后就退出。因为，在这种情况下，如果他改变主意，又去管理别的事务，则这是形成了另一个债务。

D. 3, 5, 16 *Ulpianus libro trigensimo quinto ad edictum*

Rationem eius actus[1], quem quis in servitute egit, manumissus non cogitur reddere. plane si quid conexum fuit, ut separari ratio eius quod in servitute gestum est ab eo quod in libertate gessit non possit: constat venire in iudicium vel mandati vel negotiorum gestorum et quod in servitute gestum est. denique si tempore servitutis aream emerit et in ea insulam aedificaverit eaque corruerit, deinde manumissus fundum locaverit: sola locatio fundorum in iudicio negotiorum gestorum deducetur, quia ex superioris temporis administratione nihil amplius in iudicio deduci potest quam id, sine quo ratio libertatis tempore administratorum negotiorum expediri non potest.

D. 3, 5, 17 *Paulus libro nono ad edictum*

Proculus et Pegasus bonam fidem eum, qui in servitute gerere coepit, praestare debere aiunt: ideoque quantum, si alius eius negotia gessisset, servare potuisset, tantum eum, qui a semet ipso non exegerit, negotiorum gestorum actione praestaturum, si aliquid habuit in peculio, cuius retentione id servari potest. idem Neratius.

---

[1] (Eum actum), vd. Mo. – Kr., nt. 9.

D. 3，5，16 乌尔比安，《告示评注》，第 35 卷

当一个人在身为奴隶时实施了一个行为，则在他被解放后，他不会被迫解释之。但是，当行为之间有了这样一种关联，即对于为奴期间所做之事的解释，不能从被新中国成立后所做的事情中独立出来，那么很明显，即使是为奴期间所做的管理，也应当重新落入委托之诉或者＜他人＞事务管理之诉下。如此，当他是奴隶的时候，购买了土地，并于其上建造了房子，而这房子倒塌，然后，在他被解放后，他出租了这土地，只有租约才会被包括在他人事务管理之诉中，因为，不能将早先时段的管理包括在＜他人事务管理之诉＞内，除非，对于在新中国成立后所做的事情的解释，离开前事就不能成立。

D. 3，5，17 保罗，《告示评注》，第 9 卷

普罗库勒与贝伽苏斯的观点是，一个从身为奴隶时开始管理＜其主人的＞事务的人，必须依诚信为它负责；因此，如果别人在处理＜其主人的＞事务时能收获多少，则在如下情况下，他也应当在管理他人事务之诉中向其主人负责多少，即他没有从自己处收得＜应当给主人的数额＞，但他的特有产中有一些物，而通过保留这些物，他就可以收得该数额的。对此内拉蒂也是这个观点。

D. 3, 5, 18pr. *Idem libro secundo ad Neratium*

Adquin natura debitor fuit, etiamsi in peculio nihil habuit, et si postea habuit, sibi postea solvere debet in eodem actu perseverans: sicut is, qui temporali actione tenebatur, etiam post tempus exactum negotiorum gestorum actione id praestare cogitur.

D. 3, 5, 18, 1

Scaevola noster ait putare se, quod Sabinus scribit debere a capite rationem reddendam[1] sic intellegi, ut appareat, quid reliquum fuerit tunc, cum primum liber esse coeperit, non ut dolum aut culpam in servitute admissam in obligationem revocet: itaque si inveniatur vel malo more pecunia in servitute erogata, liberabitur.

D. 3, 5, 18, 2

Si libero homini, qui bona fide mihi serviebat, mandem, ut aliquid agat, non fore cum eo mandati actionem Labeo ait, quia non libera voluntate exsequitur rem sibi mandatam, sed quasi ex necessitate servili: erit igitur negotiorum gestorum actio, quia et gerendi negotii mei habuerit affectionem et is fuit, quem obligare possem.

---

[1] (reddendum), vd. Mo. – Kr. , nt. 16.

D. 3，5，18pr. 保罗，《内拉蒂评注》，第 2 卷

不仅如此，＜从身为奴隶时开始管理的人＞是自然债务人，即使他没有任何特有产，而之后开始拥有了一些东西，如果他继续该事＜即管理其主人的事务＞，那么他应该向他自己作出履行；正如那些在有时间限制的诉讼中承担责任的人一样，即使在时限到期后，他也受他人事务管理之诉强迫，来支付他的当事人。

D. 3，5，18，1

我们的谢沃拉说，他认为，萨宾的论断——即应当从开始的时候计算——应当被理解为：当奴隶一开始成为自由人的时候，他应该展示＜特有产中＞还余下什么，而非他应当为身为奴隶时的故意或者过失所生债务负责；而因此，如果被证实，在他为奴期间，以不当的方式花费金钱，他也应当被免于＜债务＞责任。

D. 3，5，18，2

如果我委托一个自由人去办理事务，而该自由人从诚实信用的观点来看，被人们认为是我的奴隶，拉贝奥认为，我不能对他提起委托之诉，因为，他对委任的执行，不是出于自由意志，而是出于对奴隶的约束；因此，可以提起管理＜他人＞事务之诉，因为，他有意愿来管理我的事务，且处于受我约束的地位。

D. 3, 5, 18, 3

Cum me absente negotia mea gereres, imprudens rem meam emisti et ignorans usucepisti: mihi negotiorum gestorum ut restituas obligatus non es. sed si, antequam usucapias, cognoscas rem meam esse, subicere debes aliquem, qui a te petat meo nomine, ut et mihi rem servet[1] et tibi stipulationem evictionis committat: nec videris dolum malum facere in hac subiectione: ideo enim hoc facere debes, ne actione negotiorum gestorum tenearis.

D. 3, 5, 18, 4

Non tantum sortem, verum etiam usuras ex pecunia aliena perceptas negotiorum gestorum iudicio praestabimus, vel etiam quas percipere potuimus. contra quoque usuras, quas praestavimus vel quas ex nostra pecunia percipere potuimus quam in aliena negotia impendimus, servabimus negotiorum gestorum iudicio.

D. 3, 5, 18, 5

Dum apud hostes esset Titius, negotia eius administravi, postea reversus est: negotiorum gestorum mihi actio competit, etiamsi eo tempore quo gerebantur dominum non habuerunt.

---

[1]   < servet > , vd. ed. Mil. , nt. 12.

D. 3, 5, 18, 3

当我不在的时候你管理了我的事务，你在不知情的情况下购买了我的财产；而且，在对这一事实仍然不知情的情况下，你通过时效取得了它的所有权，对此你并没有义务以管理＜他人＞事务将它归还给我。但是，当你在依时效取得其所有权之前，你已经知道该财产是我的，则你必须让某人代替你，他以我的名义为该财产而起诉你，这样，他既能将它归还给我，也能为你将＜向你卖它的人所作的＞褫夺的要式口约担保变得有效；而你使用了此人，不会被认为是有故意的行为，因为你应当这样做，以避免在管理＜他人＞事务之诉中承担责任。

D. 3, 5, 18, 4

在管理＜他人＞事务之诉中，我们应当支付的不仅仅有本金，还有从他人的钱中收得的利息，或者甚至我们本该收得的利息。反过来说，我们也可以通过这一诉讼，来恢复我们已经支付的利息，或者我们在管理他人事务中所花费的钱所本能可收得的利息。

D. 3, 5, 18, 5

当某甲在敌人手中时，我管理了他的事务；他回来后，我有权对他提起管理＜他人＞事务之诉，即使在事务被管理期间，这些事务与他并无利益关系。

D. 3, 5, 19 *Ulpianus libro decimo ad edictum*

Sin autem apud hostes constitutus decessit, et successori et adversus successorem eius negotiorum gestorum directa et contraria competit.

D. 3, 5, 20pr. *Paulus libro nono ad edictum*

Nam et Servius respondit, ut est relatum apud Alfenum libro trigensimo nono digestorum: cum a Lusitanis tres capti essent et unus ea condicione missus, uti pecuniam pro tribus adferret, et nisi redisset, ut duo pro eo quoque pecuniam darent, isque reverti noluisset et ob hanc causam illi pro tertio quoque pecuniam solvissent: Servius respondit aequum esse praetorem in eum reddere iudicium.

D. 3, 5, 20, 1

Qui negotia hereditaria gerit, quodammodo sibi hereditatem seque ei obligat: ideoque nihil refert, an etiam pupillus heres existat, quia id aes alienum cum ceteris hereditariis oneribus ad eum transit.

D. 3, 5, 20, 2

Si vivo Titio negotia eius administrare coepi, intermittere mortuo eo non debeo: nova tamen inchoare necesse mihi non est, vetera explicare ac conservare necessarium est. ut accidit, cum alter ex sociis mortuus est: nam quaecumque prioris negotii explicandi causa geruntur, nihilum refert, quo tempore consummentur, sed quo tempore inchoarentur.

D. 3, 5, 19 乌尔比安,《告示评注》, 第 10 卷

如果他在敌人手中时死亡, 则可以为了他的继承人或针对他的继承人, 提起管理他人事务之诉与反诉。

D. 3, 5, 20pr. 保罗,《告示评注》, 第 9 卷

塞维乌斯的观点一如阿尔非努斯在《学说汇纂》第 35 卷中所说的, 即当三个人被卢西塔尼亚人所俘虏, 其中一人被放回, 条件是他必须带回三个人的赎金, 如果此人没有回来, 余下二人也将为该人支付赎金。对此塞维乌斯回答说, 裁判官允许他们＜二人＞起诉他, 这是公平的。

D. 3, 5, 20, 1

当某人处理与遗产相关的事务时, 他在某种意义上将遗产与自己相结合, 也将自己与遗产相结合; 因此, 一个未成年人是不是成为继承人, 这不重要, 因为, 债务与其他遗产负担一起, 被移交给了他。

D. 3, 5, 20, 2

如果, 在某甲活着的时候, 我开始打理他的事务, 则当他死亡时, 我不应该中断＜打理其事务＞; 我无须管理新的事务, 但有必要完成已经开始的事务并照看之。正如两个合伙人中死了一个合伙人时的情况那样; 因为, 就完成已经开始的事务而言, 它什么时候结束并不重要, 重要的是它从何时开始的。

D. 3, 5, 20, 3

Mandatu tuo negotia mea Lucius Titius gessit: quod is non recte gessit, tu mihi actione negotiorum gestorum teneris non in hoc tantum, ut actiones tuas praestes, sed etiam quod imprudenter eum elegeris, ut quidquid detrimenti neglegentia eius fecit, tu mihi praestes.

D. 3, 5, 21 *Gaius libro tertio ad edictum provinciale*

Sive hereditaria negotia sive ea, quae alicuius essent, gerens aliquis necessario rem emerit, licet ea interierit, poterit quod impenderit iudicio negotiorum gestorum consequi: veluti si frumentum aut vinum familiae paraverit idque casu quodam interierit, forte incendio ruina. sed ita scilicet hoc dici potest, si ipsa ruina vel incendium sine vitio eius acciderit: nam cum propter ipsam ruinam aut incendium damnandus sit, absurdum est eum istarum rerum nomine, quae ita consumptae sunt, quicquam consequi.

D. 3, 5, 22 *Paulus libro vicensimo ad edictum*

Si quis negotia aliena gerens indebitum exegerit, restituere cogitur: de eo autem, quod indebitum solvit, magis est ut sibi imputare debeat.

D. 3，5，20，3

某甲受你委托管理我的事务；如果他没有妥当地管理，则你将在管理＜他人＞事务之诉中对我承担责任，这不但意味着你应当让我享有你对他享有的诉权，而且也意味着你应当为他的疏忽所造成的损害负责，因为你不审慎地选择了他。

D. 3，5，21 盖尤斯，《行省告示评注》，第 3 卷

当一个人在处理遗产事务或者他人的事务时，出于必要而购买了财产，他可以用管理＜他人＞事务之诉取回其所花费的金钱，即使这财产灭失；比如，当他为了奴隶家庭而贮备了谷物或者酒，而这些东西因为事故而灭失了，比如着火或者房屋倒塌。不过，这应当被理解为，上述着火或者倒塌并非由于他的过失而造成的：因为，如果他被判对上述事故有过失，还能因为他所购买并以此种方式灭失的财产而被弥补，那就太荒唐了。

D. 3，5，22 保罗，《告示评注》，第 20 卷

当一个人在处理他人事务时，收回了一笔不应收的债，他可以被强迫返还＜给当事人＞；但是，如果他支付了一笔不应付的债，较好的观点是，该责备的是他自己。

D. 3, 5, 23 *Idem libro vicensimo quarto ad edictum*

Si ego hac mente pecuniam procuratori dem, ut ea ipsa creditoris fieret, proprietas quidem per procuratorem non adquiritur, potest tamen creditor etiam invito me ratum habendo pecuniam suam facere, quia procurator in accipiendo creditoris dumtaxat negotium gessit: et ideo creditoris ratihabitione liberor.

D. 3, 5, 24 *Idem libro vicensimo septimo ad edictum*

Si quis negotia aliena gerens plus quam oportet impenderit, reciperaturum eum id, quod praestari debuerit.

D. 3, 5, 25 *Modestinus libro primo responsorum*

Cum alicui civitati per fideicommissum restitui iussa esset hereditas, magistratus actores horum bonorum Titium et Seium et Gaium idoneos creaverunt: postmodum hi actores inter se diviserunt administrationem bonorum idque egerunt sine auctoritate et sine consensu magistratuum. post aliquod tempus testamentum, per quod restitui civitati hereditas fideicommissa esset, irritum probatum est pro tribunali atque ita ab intestato Sempronius legitimus heres defuncti extitit: sed ex his actoribus unus non solvendo decessit et nemo heres eius extitit. quaero, si Sempronius conveniet actores horum bonorum, periculum inopis defuncti ad quos pertinet? Herennius Modestinus respondit, quod ab uno ex actoribus ob ea quae solus gessit negotiorum gestorum actione servari non potest, ad damnum eius cui legitima hereditas quaesita est pertinere.

D.3，5，23 保罗，《告示评注》，第24卷

如果我付钱给＜债权人的＞诉讼代理人，意图是，这笔钱属于债权人，债权人并不必然通过诉讼代理人而取得＜这笔钱的＞所有权；但是，这债权人可以通过认可＜其诉讼代理人的行为＞来把这笔钱变成他自己的，即使是违背我的意愿；因为诉讼代理人在收钱的时候只是在处理债权人的一件事务；因此，经＜债权人＞认可后，我被免于责任。

D.3，5，24 保罗，《告示评注》，第27卷

当一个人在处理他人事务时，所花费的数额超过了他所需花费的数额，则他只能被补偿他本该花费的数额。

D.3，5，25 莫特斯丁，《解答集》，第1卷

当一宗遗产被信托给一座城市，并被命令交付时，官员指派了某甲、某乙、某丙作为合适的管理人来管理该财产。之后，这三个管理人在没有得到执法官授权或者同意的情况下，在他们自己内部对遗产管理事务进行了划分。后来，该遗嘱在法庭上被宣布是无效的，这样某丁就变成了死者的法定继承人；但前述的管理人之一在资不抵债中死去，且没有留下继承人。我问，如果某丁起诉这些遗产管理人，谁该承担死去的资不抵债的管理人所造成的风险？莫特斯丁回答说，不能采用管理＜他人＞事务之诉来起诉管理人，以恢复他单独管理的事务所致的损失，任何损失都应当由自称法定继承人的人来承担。

D. 3, 5, 26 *Idem libro secundo responsorum*

Ex duobus fratribus uno quidem suae aetatis, alio vero minore annis, cum haberent communia praedia rustica, maior frater in saltu communi habenti habitationes paternas ampla aedificia aedificaverat: cumque eundem saltum cum fratre divideret, sumptus sibi quasi re meliore facta ab eo computari desiderabat[1] fratre minore iam legitimae aetatis constituto. Herennius Modestinus respondit ob sumptus nulla re urguente, sed voluptatis causa factos eum de quo quaeritur actionem non habere. 1. Titium, si pietatis respectu sororis aluit filiam, actionem hoc nomine contra eam non habere respondi.

D. 3, 5, 27 *Iavolenus libro octavo ex Cassio*

Si quis mandatu Titii negotia Seii gessit, Titio mandati tenetur lisque aestimari debet, quanto Seii et Titii interest: Titii autem interest, quantum is Seio praestare debet, cui vel mandati vel negotiorum gestorum nomine obligatus est. Titio autem actio competit cum eo, cui mandavit aliena negotia gerenda, et antequam ipse quicquam domino praestet, quia id ei abesse videtur, in quod[2] obligatus est.

---

[1] (meliore ab eo facta desiderabat), vd. Mo. – Kr. , nt. 6.

[2] (quo), vd. Mo. – Kr. , nt. 7.

D. 3，5，26pr. 莫特斯丁，《解答集》，第2卷

两兄弟，一个已经成年，一个未成年；二人共有一片乡村土地，大哥在共有的土地上建造起宽敞的建筑，他父亲的住处就位于其中；而当弟弟成年后，他与弟弟分割土地时，他声称弟弟应当支付他所花费的费用，因为他改良了财产。莫特斯丁回答说，哥哥对于不紧急的、出于奢侈目的之费用不得起诉。

D. 3，5，26，1

我给出的解答是，如果某甲出于对姐妹的亲情而向其侄女＜姐妹的女儿＞提供了抚养费，则他不能＜以管理事务之诉来＞起诉姐妹。

D. 3，5，27 雅沃伦，《卡修斯评注》，第8卷

当一个人受某甲的委托而管理了某乙的事务，则他在委托之诉中对某甲负责，在诉讼中，甲乙双方的利益都应当被纳入考虑。某甲的利益必须等于他应当支付给某乙的数额，他因为委托或管理＜他人＞事务而对乙有责任。即使在某甲本人向当事人＜即某乙＞支付任何东西以前，某甲也可以起诉那个受他委托来管理＜某乙＞事务的人；因为人们认为，他受的损失是由于自己应该＜向某乙支付＞所造成的。

D. 3, 5, 28 *Callistratus* *libro tertio edicti monitorii*

Cum pater testamento postumo tutorem dederit isque tutelam interim administraverit nec postumus natus fuerit, cum eo non tutelae, sed negotiorum gestorum erit agendum: quod si natus fuerit postumus, tutelae erit actio et in eam utrumque tempus veniet, et quo, antequam nasceretur infans, gessit et quo, posteaquam natus sit.

D. 3, 5, 29 *Iulianus* *libro tertio digestorum*

Ex facto quaerebatur: quendam ad siliginem emendam curatorem decreto ordinis constitutum: eidem alium subcuratorem constitutum siliginem miscendo corrupisse atque ita pretium siliginis, quae in publicum empta erat, curatori adflictum esse: quaque actione curator cum subcuratore experiri possit et consequi id, ut ei salvum esset, quod causa eius damnum cepisset. Valerius Severus respondit adversus contutorem negotiorum gestorum actionem tutori dandam: idem respondit, ut magistratui adversus magistratum eadem actio detur, ita tamen, si non sit conscius fraudis. secundum quae etiam in subcuratore idem dicendum est.

D. 3, 5, 30pr. *Papinianus* *libro secundo responsorum*

Liberto vel amico mandavit pecuniam accipere mutuam: cuius litteras creditor secutus contraxit et fideiussor intervenit: etiamsi pecunia non sit in rem eius versa, tamen dabitur in eum negotiorum gestorum actio creditori vel fideiussori, scilicet ad exemplum institoriae actionis.

D.3，5，28 卡里斯特拉杜斯，《教师使用的告示》，第3卷

当一个家父通过遗嘱为他的遗腹子指定了一名监护人，而孩子最后未出生，与此同时，该监护人管理了监护事务。那么可以对他提起诉讼，但不是依据监护，而是依据管理＜他人＞事务。但是如果孩子出生了，则存在监护之诉，而这将包括监护的两个时段，即孩子出生前的时段和出生后的时段。

D.3，5，29 尤里安，《学说汇纂》，第3卷

基于下列事实，有人问道：根据一个城市＜元老院＞的决议，一个人被指派为管理人去采购小麦，而另一个被指派来作为其下属的人，在小麦中掺入其他较劣谷物而糟蹋了小麦。管理人因为买来的公用的小麦价格而被归罪。则管理人可以对下属提起何种诉讼，来弥补因下属的原因而造成的损失呢？瓦雷里乌斯·塞维鲁斯回答说，管理人有权以管理＜他人＞事务之诉起诉其共同管理人。塞维鲁斯还说，该权利还被准予一个官员来起诉另一个官员；但是前提是，他对＜后者的＞恶意不知情。根据这些观点，必须说，该规则也适用于附属管理人。

D.3，5，30pr. 帕比尼安，《解答集》，第2卷

一个人委托一名自由人或者一个朋友去借钱，债权人在委托信函的保证下，缔结了借款合同，担保人也介入了。之后，即使这笔钱没有被加入到委托人的财产中，债权人或担保人仍然可以对委托人提起管理＜他人＞事务之诉；也就是说，如同在总管之诉的情况下一样。

D. 3, 5, 30, 1

Inter negotia Sempronii, quae gerebat, ignorans Titii negotium gessit: ob eam quoque speciem Sempronio tenebitur, sed ei
cautionem indemnitatis officio iudicis praeberi necesse est adversus
Titium, cui datur actio. idem in tutore iuris est.

D. 3, 5, 30, 2

Litem in iudicium deductam et a reo desertam frustratoris
amicus ultro egit, causas absentiae eius allegans iudici: culpam
contraxisse non videbitur, quod sententia contra absentem dicta
ipse non provocavit. *Ulpianus notat*: hoc verum est, quia frustra-
tor condemnatus est: ceterum si amicus, cum absentem defenderet
condemnatus, negotiorum gestorum aget, poterit ei imputari, si
cum posset non appellasset.

D. 3, 5, 30, 3

Qui aliena negotia gerit, usuras praestare cogitur eius scilicet
pecuniae, quae purgatis necessariis sumptibus superest.

D. 3, 5, 30, 4

Libertos certam pecuniam accipere testator ad sumptum mon-
umenti voluit: si quid amplius fuerit erogatum, iudicio negotiorum
gestorum ab herede non recte petetur nec iure fideicommissi, cum
voluntas finem erogationis fecerit.

D. 3, 5, 30, 1

一个在为某甲处理事务的人，期间不知情地打理了一件某乙的事务。那么因为这件特别的事，他也将对某甲承担责任，但是根据法官依其职权的评估，应当允许他作出要式口约担保，以保证像某乙（某乙是有诉权的）一样完好地持有之。同一规则也适用于监护的场合。

D. 3, 5, 30, 2

当一个案件已经被受理了，而被告没有出现，他的一个朋友自愿代他出现，并向法官陈述被告缺席的理由。在缺席的被告被判败诉的情况下，如果他的朋友不上诉，则他不用承担过错责任。乌尔比安注释道，这是对的，因为败诉的是这个缺席的被告。但如果败诉的是为不在场的朋友辩护的人，若他能上诉而未上诉，之后又＜对缺席者＞提起管理＜他人＞事务之诉的，则他须承担责任。

D. 3, 5, 30, 3

管理他人事务者，在必要的费用之外，还须支付利息。

D. 3, 5, 30, 4

一个立遗嘱人想给他的解放自由人一笔钱以用来＜造＞墓。如果花销超过了这笔钱，则不能为它提起管理＜他人＞事务之诉，或者遗产信托之诉，因为＜立遗嘱人的＞遗愿为这花销设了限。

D. 3, 5, 30, 5

Tutoris heres impubes filius ob ea, quae tutor eius in rebus pupillae paternae gessit, non tenetur, sed tutor proprio nomine iudicio negotiorum gestorum convenietur.

D. 3, 5, 30, 6

Quamquam mater filii negotia secundum patris voluntatem pietatis fiducia gerat, tamen ius actoris periculo suo litium causa constituendi non habebit, quia nec ipsa filii nomine recte agit aut res bonorum eius alienat vel debitorem impuberis accipiendo pecuniam liberat.

D. 3, 5, 30, 7

Uno defendente causam communis aquae sententia praedio datur: sed qui sumptus necessarios ac probabiles in communi lite fecit, negotiorum gestorum actionem habet.

D. 3，5，30，5

一个监护人的儿子，在尚未成年时就变成了他的继承人，则对于其父亲所管理的、有关女性被监护人财产的事务，他不承担责任。但是他的监护人可以以自己的名义，在管理＜他人＞事务之诉中成为被告。

D. 3，5，30，6

虽然母亲根据父亲的意志管理儿子的事务，而该意志是基于对母亲会尽母性责任的信任，但她无权自行决定指派诉讼代理人，她自己不能合法地以其子的名义起诉，她不能出让其子的财产，她不能通过接受支付＜债务＞来免除该未成年人的债务人＜的责任＞。

D. 3，5，30，7

如果一个共同取水役权的两个共同当事人中，一个当事人辩护了案件，而判决是支持需役地的，那么，在这个共同的案件中，支付了必要、合理费用的当事人，将有权＜对另外一个当事人＞提起管理＜他人＞事务之诉。

D. 3, 5, 31pr. *Idem libro tertio responsorum*

Fideiussor imperitia lapsus alterius quoque contractus, qui personam eius non contingebat, pignora vel hypothecas suscepit et utramque pecuniam creditori solvit, existimans indemnitati suae confusis praediis consuli posse. ob eas res iudicio mandati frustra convenietur et ipse debitorem frustra conveniet, negotiorum autem gestorum actio utrique necessaria erit: in qua lite culpam aestimari satis est, non etiam casum, quia praedo fideiussor non videtur. creditor ob id factum ad restituendum iudicio, quod de pignore dato redditur, cum videatur ius suum vendidisse, non tenebitur.

D. 3, 5, 31, 1

Ignorante virgine mater a sponso filiae res donatas suscepit: quia mandati vel depositi cessat actio, negotiorum gestorum agitur.

D. 3, 5, 32 *Idem libro decim responsorum*

Heres viri defuncti uxorem, quae res viri tempore nuptiarum in sua potestate habuit, compilatae hereditatis postulare non debet. prudentius itaque faciet, si ad exhibendum et negotiorum gestorum, si negotia quoque viri gessit, cum ea fuerit expertus.

D. 3，5，31pr. 帕比尼安，《解答集》，第 3 卷

担保人因为缺少经验，收下了同另外一个与他无关的合同相关的质押物和抵押物，并向债权人支付了两笔钱，心想他可以用这些＜含糊地拿来担保的＞土地来保证＜追索权的＞安全。为此，＜债务人＞对他提起委托之诉是无根据的，而他起诉债务人也是无根据的，不过他们都有必要以管理＜他人＞事务之诉来起诉对方。在这样的诉讼中，责任的限度以过失来考虑，但不包括意外情况，原因是，担保人不能被当成是强盗＜即信义极差的占有人＞。在这种情况下，债权人没有责任用关于担保财产之诉讼来恢复＜土地＞，因为看起来他似乎出售了自己的权利。

D. 3，5，31，1

当一个母亲从与其女订婚的男子处接受了礼物，而女儿对此不知情时，这种情况不涉及委托或者寄存，而涉及管理＜他人＞事务。

D. 3，5，32 帕比尼安，《解答集》，第 10 卷

某个亡夫的继承人不能通过起诉亡夫的妻子（婚姻期间，其夫的财产处于她的控制之下）掠夺遗产；更明智的做法是，如果她确实管理了丈夫的事务，则以管理他人事务之诉起诉她。

D. 3, 5, 33 *Paulus libro primo quaestionum*

Nesennius Apollinaris Iulio Paulo salutem. Avia nepotis sui negotia gessit: defunctis utrisque aviae heredes conveniebantur a nepotis heredibus negotiorum gestorum actione: reputabant heredes aviae alimenta praestita nepoti. respondebatur aviam iure pietatis de suo praestitisse: nec enim aut desiderasse, ut decernerentur alimenta, aut decreta essent. praeterea constitutum esse dicebatur, ut, si mater aluisset, non posset alimenta, quae pietate cogente de suo praestitisset, repetere. ex contrario dicebatur tunc hoc recte dici, ut de suo aluisse mater probaretur: at in proposito aviam, quae negotia administrabat, verisimile esse de re ipsius nepotis eum aluisse. tractatum est, numquid utroque patrimonio erogata videantur. quaero quid tibi iustius videatur. respondi: haec disceptatio in factum constitit: nam et illud, quod in matre constitutum est, non puto ita perpetuo observandum. quid enim si etiam protestata est se filium ideo alere, ut aut ipsum aut tutores eius conveniret? pone peregre patrem eius obisse et matrem, dum in patriam revertitur, tam filium quam familiam eius exhibuisse: in qua specie etiam in ipsum pupillum negotiorum gestorum dandam actionem divus Pius Antoninus constituit. igitur in re facti facilius putabo aviam vel heredes eius audiendos, si reputare velint alimenta, maxime si etiam in ratione impensarum ea rettulisse aviam apparebit. illud nequaquam admittendum puto, ut de utroque patrimonio erogata videantur.

D. 3，5，33 保罗，《问题集》，第 1 卷

涅森尼乌斯·阿波利那里斯问候尤利乌斯·保卢斯。一个祖母管理了其孙子的事务，后二人皆死亡，祖母的继承人被孙子的继承人以管理＜他人＞事务之诉起诉。祖母的继承人计算出了提供给孙子的抚养费＜保罗＞。对此的回答是，祖母从自己的财产中拿出抚养费，这是出于家庭关系，因为，她之前既没有要求确定抚养费的数额，也没有确定抚养费的数额。不光如此，确定的是，如果母亲提供了抚养费，她不能要求恢复之，因为她是出于家庭关系而从自己的财产中支付了这笔费用。有人反驳说，这在母亲以她自己的财产提供抚养费的情况下，是对的；但是，在这里所提供的情况中，似乎这个管理＜孙子＞事务的祖母是以孙子本人的财产来提供生活费。至于该费用是不是有时应当被认为是从两笔遗产中同时支出的，这可以讨论。我问，你觉得哪个才是更公正的结论？你回答说，此争议须取决于事实。因为我的观点是，所确立的、涉及母亲的规则，不应适用于所有情况。因为，如果母亲在抚养她的儿子时，公开地宣称她这么做的目的是为了起诉他或者他的监护人，那又会产生什么效果？假设父亲客死异乡，而母亲在等待他回国的过程中，抚养了他的儿子与奴隶家庭；在这种情况下，神君安东尼乌斯·庇乌斯确立的规则是：可以对未成年人提起管理＜他人＞事务之诉。因此，我认为，如果祖母或她的继承人希望追讨抚养费，她们的请求应当更容易被接受，尤其是在祖母似乎将物件款项列入报销账单的情况下。我认为，绝对不能承认，费用同时从两笔遗产中支出。

D. 3, 5, 34pr. *Scaevola libro primo quaestionum*

Divortio facto negotia uxoris gessit maritus: dos non solum dotis actione, verum negotiorum gestorum servari potest. haec ita, si in negotiis gestis maritus dum gerit facere potuit: alias enim imputari non potest, quod a se non exegerit. sed et posteaquam patrimonium amiserit, plena erit negotiorum gestorum actio, quamvis si dotis actione maritus conveniatur, absolvendus est. sed hic quidam modus servandus est, ut ita querellae locus sit ' quantum facere potuit, quamvis postea amiserit', si illo tempore ei solvere potuit: non enim e vestigio in officio deliquit, si non protinus res suas distraxit ad pecuniam redigendam: praeterire denique aliquid temporis debebit, quo cessasse videatur. quod si interea, priusquam officium impleat, res amissa est, perinde negotiorum gestorum non tenetur, ac si numquam facere possit. sed et si facere possit maritus, actio negotiorum gestorum inducitur, quia forte periculum est, ne facere posse[1] desinat.

D. 3, 5, 34, 1

Illum autem non credimus teneri, qui gerit negotia debitoris, ad reddendum pignus, cum pecunia ei debeatur nec fuerit quod sibi possit exsolvere.

---

[1] < posse > , vd. Mo. – Kr. , nt. 9.

D. 3，5，34pr. 谢沃拉,《问题集》，第 1 卷

当丈夫在离婚后管理了他前妻的事务，那么嫁资不仅仅可以根据嫁资之诉来保护，还可以根据管理＜他人＞事务之诉来保护。后者＜即管理他人事务之诉＞所基于的前提是：在管理期间，丈夫对于履行＜归还嫁资＞有经济能力；因为，不然的话，不能责怪他没有自己收得＜嫁资＞。但是，即使在他失去他的财产后，他也有权提起管理＜他人＞事务之诉而不受此限制，尽管该丈夫若是在嫁资之诉中被诉的话应当被免除责任。但在这情况下＜如果他提起管理他人事务之诉＞，应当遵守一种限制，如同诉状中有："因为他的经济状况允许他履行，即使他之后失去了他的财产"，＜因此＞如果在＜开始管理的＞这段时间内他可以＜向妻子＞履行＜，这应当被接受＞：因为，如果他没有马上出售财产以收得金钱，他也不立即构成不履行职责。应该先过一段时间，而在这段时间里，他＜于履行职责＞什么也没做，方式是，如果在他履行自己的使命之前，财产就丢失了，则他在管理＜他人＞事务中不应承担责任，如同他从来无经济能力来履行职责那样。但是，即使丈夫有经济能力履行＜且当时也能提起嫁资之诉＞，也应该提起管理＜他人＞事务之诉，因为，＜总是＞存在着他失去履行能力的风险。

D. 3，5，34，1

相反我们认为，一个人管理＜他自己的＞债务人的事务，当债务人仍然欠他钱且没有其他方法支付债务时，＜按管理他人事务之诉＞不须向债务人归还质押物，

D. 3, 5, 34, 2

Sed nec redhibitoriae speciem venire in negotiorum gestorum actionem et per hoc sex mensibus exactis perire, si vel mancipium in rebus non invenit: vel eo invento quod accessionum nomine additum est, vel quod deterior homo factus esset, vel quod per eum esset adquisitum non ex re emptoris, nec invenit nec recepisset: nec esset in ipsis emptoris negotiis quae gerebat, unde sibi in praesenti redderet.

D. 3, 5, 34, 3

Ceterum si ex alia causa perpetuae obligationis, cum sit locuples, debeat, non est imputandum, quod non solverit, utique si neque usurarum ratio querellam movet. diversumque est in tutore debitore, quia ibi interfuit ex priore obligatione solvi, ut deberetur ex tutelae actione.

D. 3, 5, 35 *Paulus libro quarto quaestionum*

Si liber homo bona fide mihi serviens mutuam pecuniam sumpserit eamque in rem meam verterit, qua actione id, quod in rem nostram vertit, reddere debeam, videndum est: non enim quasi amici, sed quasi domini negotium gessit. sed negotiorum gestorum actio danda est: quae desinit competere, si creditori eius soluta sit.

D. 3, 5, 34, 2

废除契约案件也不受管理＜他人＞事务之诉保护，因此，6个月后，对它的保护即告终止。这样，假如＜管理了买家事务的卖家＞未在＜买家的＞财产中发现＜可废除的＞奴隶；或者如果，发现了奴隶，但没发现对他有财产增益；或者如果，发现其＜奴隶＞处于恶化之状态；或者如果，没有发现、也无法取得任何通过奴隶购买的、非用卖家财产购买的东西，因为在其所管理的买家事务中，不存在能用来直接满足恢复＜废除＞义务的东西。

D. 3, 5, 34, 3

不光如此，如果＜管理他人事务者＞因为别的原因而欠了＜他的当事人＞债务，而该债务是不受时效约束的，且他本人富裕，则他不因未还债而受责难；尤其是在对利息的计算未产生争议的情况下。当一个监护人是其被监护人的债务人时，该规则就不同了，因为在这里，与先前存在的债务之履行是有关的，为的是该债务的总额能被包括在监护之诉的债务中。

D. 3，5，35 保罗，《问题集》，第4卷

当一个自由人——出于忠心而像个奴隶一样侍奉我——为了我的利益，借了一些钱并将其加入到我的财产中，让我们来考虑：因为他在管理我的事务时，是把我当成主人而不是朋友，那么我应当通过何种诉讼来＜向他＞归还为我的利益而花费的＜但事实上是我们两个人的＞金钱？对此应当允许提起管理＜他人＞事务之诉，而一旦这笔钱＜由我支付给了＞他的债权人，则不再允许＜他提起管理他人事务之诉＞。

D. 3, 5, 36pr. *Idem libro primo sententiarum*

Litis contestatae tempore quaeri solet, an pupillus, cuius sine tutoris auctoritate negotia gesta sunt, locupletior sit ex ea re factus, cuius patitur actionem.

D. 3, 5, 36, 1

Si pecuniae quis negotium gerat, usuras quoque praestare cogitur et periculum eorum nominum, quae ipse contraxit: nisi fortuitis casibus debitores ita suas fortunas amiserunt, ut tempore litis ex ea actione contestatae solvendo non essent.

D. 3, 5, 36, 2

Pater si emancipati filii res a se donatas administravit, filio actione negotiorum gestorum tenebitur.

D. 3，5，36pr. 保罗，《论点集》，第 1 卷

当被监护人的事务未经监护人授权即被他人管理，那么当这个案件被受理时，习惯上会问该被监护人是不是因为这个使他被诉的行为而获益了。

D. 3，5，36，1

当一个人管理了他人的涉及金钱的事务，则他也须支付利息，并承担风险，一如他本人订约那样。除非，在意外的情况下，债务人们失去了自己的金钱，以至于当诉讼案件被受理时，他们突然变得资不抵债了。

D. 3，5，36，2

如果家父管理了属于他的被解放了的家子的财产，那么该家父应当在管理＜他人＞事务之诉中对其子承担责任。

D. 3, 5, 37 *Tryphoninus libro secundo disputationum*

Qui sine usuris pecuniam debebat, creditoris sui gessit negotia: quaesitum est, an negotiorum gestorum actione summae illius
usuras praestare debeat. dixi, si a semet ipso exigere eum oportuit, debiturum usuras: quod si dies solvendae pecuniae tempore
quo negotia gerebat nondum venerat, usuras non debiturum: sed
die praeterito si non intulit rationibus creditoris cuius negotia gerebat eam pecuniam a se debitam, merito usuras bonae fidei iudicio
praestaturum. sed quas usuras debebit, videamus: utrum eas,
quibus aliis idem creditor faenerasset, an et maximas usuras: quoniam ubi quis eius pecuniam, cuius tutelam negotiave administrat,
aut magistratus municipii publicam in usus suos convertit, maximas usuras praestat, ut est constitutum a divis principibus. sed is-
tius diversa causa est, qui non sibi sumpsit ex administratione
nummos, sed ab amico accepit et ante negotiorum administrationem. nam illi, de quibus constitutum est, cum gratuitam, certe
integram et abstinentem omni lucro praestare fidem deberent, li-
centia, qua videntur abuti, maximis usuris vice cuiusdam poenae
subiciuntur: hic bona ratione accepit ab alio mutuum et usuris,
quia non solvit, non quia ex negotiis quae gerebat ad se pecuniam
transtulit, condemnandus est. multum autem refert, incipiat nunc
debitum an ante nomen fuerit debitoris, quod satis est ex non usu-
rario facere usurarium.

D. 3，5，37 特里芬尼鲁斯，《论断集》，第 2 卷

一个欠下了无息债务的人，管理了他的债权人的事务，问题产生了：他是否必须在管理＜他人＞事务之诉中，为上述金额付息？我说，如果需要他自己收取＜所欠债务＞的话，他本该支付利息的；但是如果在管理期间，该债务还没到期，则不用付息；但是此后，在债务到期之后，如果他没有把债务包括在由他管理事务的债权人的账目中，那么他必须在诚信之诉中支付利息。让我们来看看他该付哪种利息，是这债权人借钱给别人时的利息，还是最高的利息？一如被神圣皇帝们所确立的：当一个人将他所监护或者管理事务的人的钱挪为己用，或者当一个官员挪用了城市公共的钱时，他必须支付最高利率。但是，在下面这种情况下，是不一样的：当一个人并未从他所管理的事务中挪用金钱，而是在管理朋友事务之前，从该朋友处收钱。上述皇帝规定所涉及的那些人，必须无偿地保证诚实信用，正直而无任何营利的目的。而当他们似乎在滥用他们的特权时，他们必须按刑罚支付最高利息。但他可以合法地从他人处借钱，且应当被判支付利息，这不是因为他从自己管理的事务中挪用钱，而是因为没有按时偿还本金。有重大区别的是：债务是刚刚发生的，还是在管理事务之前就已经产生了？因为在后一种情况下，足以将一个之前无息的债务变得有息。

D. 3, 5, 38 *Gaius libro tertio de verborum obligationibus*

Solvendo quisque pro alio licet invito et ignorante liberat eum; quod autem alicui debetur, alius sine voluntate eius non potest iure exigere. naturalis enim simul et civilis ratio suasit alienam condicionem meliorem quidem etiam ignorantis et inviti nos facere posse, deteriorem non posse.

D. 3, 5, 39 *Paulus libro decimo ad Sabinum*

Si communes aedes tecum habeam et pro tua parte damni infecti vicino cavero, dicendum est quod praestitero negotiorum gestorum actione potius quam communi dividundo iudicio posse me petere, quia potui partem meam ita defendere, ut socii partem defendere non cogerer.

D. 3, 5, 40 *Idem libro trigensimo ad edictum*

Qui servum meum me ignorante vel absente in noxali causa defenderit, negotiorum gestorum in solidum mecum, non de peculio aget.

D. 3，5，38 盖尤斯，《论口头债务》，第 3 卷

如果一个人为他人偿付债务，那么即使后者不愿意或对事实不知情，前者也将后者免于债务。但是，当一个人欠别人钱时，他人不得在未得到他＜债主＞同意的情况下替他＜债主＞收钱。因为自然理性与法律都确立了该规则，即我们可以改善一个人的处境，即使他不知情或不愿意，但我们不能将其＜处境＞变坏。

D. 3，5，39 保罗，《萨宾评注》，第 10 卷

如果我和你共有一所房子，为了防止你那部分房子可能发生的侵害，我向邻居做出了担保约定，对此必须认为，我可以基于管理他人事务之诉向你要求偿付我＜按上述约定＞所支付的金钱，但不能基于共有物分割之诉，因为我原本可以保护自己的部分，而不必保护共有人的部分。

D. 3，5，40 保罗，《告示评注》，第 30 卷

当一个人在损害投偿案件中给我的奴隶作了辩护，而我对此事实不知情，或者我不在场，那么他将有权对我提起管理＜他人＞事务之诉来要求整个金额，且不在特有产金额的限制之内。

D. 3, 5, 41 *Idem libro trigensimo secundo ad edictum*

Si servi mei rogatu negotia mea susceperis, si dumtaxat admonitus a servo meo id feceris, erit inter nos negotiorum gestorum actio: si vero quasi mandatu servi, etiam de peculio et de in rem verso agere te posse responsum est.

D. 3, 5, 42 *Labeo libro sexto posteriorum epitomarum a Iavoleno*

Cum pecuniam eius nomine solveres, qui tibi nihil mandaverat, negotiorum gestorum actio tibi competit, cum ea solutione debitor a creditore liberatus sit: nisi si quid debitoris interfuit eam pecuniam non solvi.

D. 3, 5, 43 *Ulpianus libro sexto disputationum*

Is, qui amicitia ductus paterna pupillis tutorem petierit vel suspectos tutores postulavit, nullam adversus eos habet actionem secundum divi Severi constitutionem.

D. 3, 5, 44pr. *Idem libro quarto opinionum*

Quae utiliter in negotia alicuius erogantur, in quibus est etiam sumptus honeste ad honores per gradus pertinentes factus, actione negotiorum gestorum peti possunt.

D. 3，5，41 保罗，《告示评注》，第 32 卷

如果你在我奴隶的请求下管理了我的事务，而且仅仅是在他的敦促下这样做的，那么在你我之间将产生管理＜他人＞事务之诉。但是，如果你是在我奴隶的委托下这样做的，那么根据一则批复，你不但可以在特有产的范围内起诉我，也可以在我财产的获益范围内起诉我。

D. 3，5，42 拉贝奥，《遗作》，第 6 卷

当你以他人的名义付钱，而该人并没有委托你这样做，那么你将有权提起管理＜他人＞事务之诉。因为通过这个支付，债务人被＜他的债权人＞免除责任。除非债务人本来就无意付钱。

D. 3，5，43 乌尔比安，《论断集》，第 6 卷

若一个人被＜某未成年人的＞父亲的友谊所感动，请求为这未成年人指派监护人，或者为移除不称职的监护人而发起了诉讼，根据神君＜塞提米乌斯·＞塞维鲁斯的一则谕令，他无权起诉该未成年人。

D. 3，5，44pr. 乌尔比安，《意见集》，第 4 卷

当某人在管理＜他人＞事务时，有益地花费了一笔钱，这笔钱包含了为光荣地赞助官员的事业而产生的费用，那么这笔花费可以在管理＜他人＞事务之诉中被恢复。

D. 3, 5, 44, 1

Qui pure testamento libertatem acceperunt, actus, quem viventibus dominis administraverunt, rationem reddere non compelluntur.

D. 3, 5, 44, 2

Titius pecuniam creditoribus hereditariis solvit existimans sororem suam defuncto heredem testamento extitisse. quamvis animo gerendi sororis negotia id fecisset, veritate tamen filiorum defuncti, qui sui heredes patri sublato testamento erant, gessisset: quia aequum est in damno eum non versari, actione negotiorum gestorum id eum petere placuit.

D. 3, 5, 45pr. *Africanus libro septimo quaestionum*

Mandasti filio meo, ut tibi fundum emeret: quod cum cognovissem, ipse eum tibi emi. puto referre, qua mente emerim: nam si propter ea, quae tibi necessaria esse scirem, et te eius voluntatis esse, ut emptum habere velles, agemus inter nos negotiorum gestorum, sicut ageremus, si aut nullum omnino mandatum intercessisset, aut Titio mandasses et ego, quia per me commodius negotium possim conficere, emissem. si vero propterea emerim, ne filius mandati iudicio teneatur, magis est, ut ex persona eius et ego tecum mandati agere possim et tu mecum actionem habeas de peculio, quia et si Titius id mandatum suscepisset et, ne eo nomine teneretur, ego emissem, agerem cum Titio negotiorum gestorum, et ille tecum et tu cum illo mandati. idem est, et si filio meo mandaveris, ut pro te fideiuberet, et ego pro te fideiusserim.

D. 3, 5, 44, 1

当奴隶通过其主人的遗嘱而获得无条件的自由权时，他们不必对自己于主人在世时所管理的事务作出汇报。

D. 3, 5, 44, 2

某甲，因以为其姐妹是死者的遗嘱继承人，而向＜遗产的＞债权人偿付了债务。虽然他这样做的意图是管理其姐妹的事务，但他事实上管理的是死者孩子们的事务：一旦遗嘱变得无效，此孩子正是死者的继承人。因为不令某甲受损失是公平的，所以他可以通过管理＜他人＞事务之诉来收回他已经支付的费用。

D. 3，5，45pr. 阿富里坎，《问题集》，第7卷

你委托我的儿子给你买一块土地，而当我听说了这事，我自己为你买了这块土地。我认为，应当考虑我购买该土地的意图是什么，因为，如果我这样做是因为知道你需要＜我这样做＞，而且你也特别希望＜我＞为你购买，那么在你我之间产生管理＜他人＞事务之诉，同样，当不存在任何委托时，或者当你本想委托某甲去购买，但我办了此事，因为我管理此事更加方便，此时也产生管理＜他人＞事务之诉。但是如果，我进行购买是为了防止我儿子在委托之诉中承担责任，那么较好的观点是，我可以为了他对你提起委托之诉，而你可以在特有产的范围内起诉我。因为，即使某甲接受了委托，而为了避免他为此负责，我进行了购买，对此我可以以管理＜他人＞事务之诉起诉某甲，而你和他也可以以委托之诉起诉对方。如果你委托我的儿子给你提供担保，而我亲自为你提供了担保，在这种情况下也适用相同的规则。

D. 3, 5, 45, 1

Si proponatur te Titio mandasse, ut pro te fideiuberet, me-
que, quod is aliqua de causa impediretur quo minus fideiuberet,
liberandae fidei eius causa fideiussisse, negotiorum gestorum mihi
competit actio.

D. 3, 5, 46pr. *Paulus libro primo sententiarum*

Actio negotiorum gestorum illi datur, cuius interest hoc iudicio experiri.

D. 3, 5, 46, 1

Nec refert directa quis an utili actione agat vel conveniatur,
quia in extraordinariis iudiciis, ubi conceptio formularum non observatur, haec suptilitas supervacua est, maxime cum utraque actio eiusdem potestatis est eundemque habet effectum.

D. 3, 5, 47 *Papinianus libro tertio quaestionum*

Ignorante quoque sorore si frater negotium eius gerens dotem
a viro stipulatus sit, iudicio negotiorum gestorum ut virum liberaret
iure convenitur.

D. 3, 5, 45, 1

如果有人提出下列情况：你委托某甲来给你提供担保，而因为某些原因，他无法提供担保，而我为了使他免于担保之债，而提供了担保。＜在这种情况下＞我可以提起管理＜他人＞事务之诉。

D. 3, 5, 46pr. 保罗，《论点集》，第 1 卷

管理＜他人＞事务之诉被准予任何有意愿发起该诉讼的人。

D. 3, 5, 46, 1

不管一个人提起的是非常审判还是扩用之诉，不管是起诉还是被诉，这都没有区别。因为在不遵守程式的非常审判中，这一区别是多余的，尤其当这两个诉讼有着相同的效力与结果时。

D. 3, 5, 47 帕比尼安，《问题集》，第 3 卷

当一个兄弟在其姐妹不知情的情况下管理了她的事务，使其丈夫以要式口约承诺＜归还她的＞嫁资，那么可以在管理＜他人＞事务之诉中起诉他，以将丈夫＜从债务中＞解放出来。

D. 3, 5, 48 *Africanus libro octavo quaestionum*

Si rem, quam servus venditus subripuisset a me venditore, emptor vendiderit eaque in rerum natura esse desierit, de pretio negotiorum gestorum actio mihi danda sit, ut dari deberet, si negotium, quod tuum esse existimares, cum esset meum, gessisses: sicut ex contrario in me tibi daretur, si, cum hereditatem quae ad me pertinet tuam putares, res tuas proprias legatas solvisses, quandoque de ea solutione liberarer.

D. 3，5，48 阿富里坎，《问题集》，第 8 卷

如果我的一个奴隶从我这个卖家这儿偷了些东西，而＜从该奴隶处买到该物的＞买家将该物出售，然后该物就消失了，那么应当允许我提起管理＜他人＞事务之诉来要求＜该物的＞价金。正如，当你管理了我的事务，却以为那是你的事务时，应当允许我提起该诉讼一样。相应地，当你以为一宗遗产属于你而事实上它属于我，而以你自己的个人财产履行了遗赠时，你可以对我提起该＜管理他人事务＞诉讼，因为在这种情况下，我因为你的履行行为而得到解放。

VI

DE CALUMNIATORIBUS

D. 3, 6, 1pr. *Ulpianus libro decimo ad edictum*

In eum qui, ut calumniae causa negotium faceret vel non faceret, pecuniam accepisse dicetur, intra annum in quadruplum eius
pecuniae, quam accepisse dicetur, post annum simpli in factum
actio competit.

D. 3, 6, 1, 1

Hoc autem iudicium non solum in pecuniariis causis, sed et
ad publica crimina pertinere Pomponius scribit, maxime cum et lege repetundarum teneatur, qui ob negotium faciendum aut non faciendum per calumniam pecuniam accepit.

D. 3, 6, 1, 2

Qui autem accepit pecuniam sive ante iudicium sive post iudicium acceptum, tenetur.

第六章
关于诬告者

D. 3，6，1pr. 乌尔比安，《告示评注》，第10卷

"如果人们说某人为了诬告之目的而收受钱财，起诉或者不起诉，那么可以在一年内对他提起诉讼，要求他返还人们说的他所收受的金额的4倍；一年后，可以以事实诉讼起诉他，要求他返还他＜所收＞的金额。"

D. 3，6，1，1

彭波尼说，这一诉讼不仅仅能适用于涉及金钱的案件，还能适用于公犯，尤其是当一个人收受金钱来发起诬告或者不发起诬告，按照有关索贿的法律也被认为有罪时。

D. 3，6，1，2

一个人不论是在案件受理前收受钱财还是案件受理后收受钱财，他都一样被认为有罪。

D. 3, 6, 1, 3

Sed et constitutio imperatoris nostri, quae scripta est ad Cassium Sabinum, prohibuit iudici vel adversario in publicis vel privatis vel fiscalibus causis pecuniam dare, et ex hac causa litem perire iussit. nam tractari potest, si adversarius non per calumniam transigendi animo accepit, an constitutio cessat? et puto cessare sicuti hoc quoque iudicium: neque enim transactionibus est interdictum, sed sordidis concussionibus.

D. 3, 6, 1, 4

Pecuniam autem accepisse dicemus etiam si aliquid pro pecunia accepimus.

D. 3, 6, 2 *Paulus libro decimo ad edictum*

Quin etiam si quis obligatione liberatus sit, potest videri cepisse: idemque si gratuita pecunia utenda data sit, aut minoris locata venditave res sit. nec refert, ipse pecuniam acceperit an alii dari iusserit vel acceptum suo nomine ratum habuerit.

D. 3, 6, 3pr. *Ulpianus libro decimo ad edictum*

Et generaliter idem erit, si quid omnino compendii sensit propter hoc, sive ab adversario sive ab alio quocumque.

D. 3, 6, 1, 3

我们的皇帝＜卡拉卡拉＞给卡修斯·萨宾的一则谕令禁止在公法、私法、涉及国库的案件中，付钱给对方或者付钱给法官，并规定，当一个人这么做的时候，他将丧失诉权。当然有人可能会问，如果对方不是出于诬告的意图，而是为了和解而收下了这笔钱，那么可以适用这则谕令吗？我的观点是，不适用此谕令，也不适用＜诬告＞诉讼：事实上，被禁止的不是交易，而是卑鄙的敲诈。

D. 3, 6, 1, 4

即使我们收下的是钱财以外的其他东西，也被认为我们收受了钱财。

D. 3, 6, 2 保罗，《告示评注》，第 10 卷

不光如此，当一个人被免于债务时，他可以被认为是收到了一笔钱；当借钱给他无偿使用，或者将财产以低于自身价值出售或者出租给他时也一样。至于他是自己亲自收钱，或是委托他人收钱，抑或是别人替他收钱后加以认可，这都没有区别。

D. 3, 6, 3pr. 乌尔比安，《告示评注》，第 10 卷

一般来说，这条规则同样适用于：当一个人出于这种考虑而获得任何利益，不论他是从对方那里获益还是从别人那里获益。

D. 3, 6, 3, 1

Si igitur accepit ut negotium faceret, sive fecit sive non fecit, et qui accepit ne faceret etsi fecit, tenetur.

D. 3, 6, 3, 2

Hoc edicto tenetur etiam is qui depectus est: depectus autem dicitur turpiter pactus. 3. Illud erit notandum, quod qui dedit pecuniam, ut negotium quis pateretur, non habebit ipse repetitionem: turpiter enim fecit: sed ei dabitur petitio, propter quem datum est ut calumnia ei fiat. quare si quis et a te pecuniam accepit, ut mihi negotium faceret, et a me, ne mihi faceret, duobus iudiciis mihi tenebitur.

D. 3, 6, 4 *Gaius libro quarto ad edictum provinciale*

Haec actio heredi quidem non competit, quia sufficere ei debet, quod eam pecuniam quam defunctus dedit repetere potest:

D. 3, 6, 3, 1

因此，若一个人为了发起诬告而收受钱财，那么不管他有没有起诉，都一样应当受罚；当他为了不发起诬告而收受钱财时，即使他起诉了，他也应当受罚。

D. 3, 6, 3, 2

根据这个告示，应当受罚的还有串通者，亦即缔结了无耻合同的人。

D. 3, 6, 3, 3

应该注意的是，付钱使他人受到诬告的人，他自己不能发起恢复＜所付的钱＞之诉，因为他表现得很无耻。但是，诉权被准予了那个遭受他人付钱发起的诬告的人。因此，如果有人从你处收钱，试图对我发起诬告，又从我处收钱，来使我免受诬告，那么他在两个诉讼中都对我有责任。

D. 3，6，4 盖尤斯，《行省告示评注》，第 4 卷

但是，继承人无权发起这个诉讼，因为他有恢复死者已付金钱的诉权，这对他来说已经足够了：

D. 3, 6, 5pr. *Ulpianus libro decimo ad edictum*

in heredem autem competit in id quod ad eum pervenit. nam est constitutum turpia lucra heredibus quoque extorqueri, licet crimina extinguantur: ut puta ob falsum vel iudici ob gratiosam sententiam datum et heredi extorquebitur et si quid aliud scelere quaesitum.

D. 3, 6, 5, 1

Sed etiam praeter hanc actionem condictio competit, si sola turpitudo accipientis versetur: nam si et dantis, melior causa erit possidentis. quare si fuerit condictum, utrum tollitur haec actio, an vero in triplum danda sit? an exemplo furis et in quadruplum actionem damus et condictionem? sed puto sufficere alterutram actionem. ubi autem condictio competit, ibi non est necesse post annum dare in factum actionem.

D. 3, 6, 6 *Gaius libro quarto ad edictum provinciale*

Annus autem in personam quidem eius, qui dedit pecuniam ne secum ageretur, ex eo tempore cedit, ex quo dedit, si modo potestas ei fieret experiundi. in illius vero personam, cum quo ut agatur alius pecuniam dedit, dubitari potest, utrum ex die datae pecuniae numerari debeat, an potius ex quo cognovit datam esse: quia qui nescit, is videtur experiundi potestatem non habere. et verius est ex eo annum numerari, ex quo cognovit.

D. 3，6，5pr. 乌尔比安，《告示评注》，第 10 卷

但是，可以根据继承人所获得的，对他发起这个诉讼。因为，已经确立的是：即使犯罪消除了，也可从继承人处剥夺＜来自行为的＞不法收益；就像，付钱以完善制假犯罪，或者付钱给法官以获得有利判决，这些钱也是可以从继承人处剥夺的，正如以犯罪的方式所取得的其他东西＜都可以被剥夺＞一样。

D. 3，6，5，1

在这个诉讼以外，当仅仅存在着来自收钱方的不法行为时，还可以发起通知＜返还＞之诉。因为，如果也存在着来自付钱方的＜不法行为＞，那么将有利于占有这笔钱的人。如果已经发起一个通知＜返还＞之诉，那么＜基于此告示的＞这诉权会被取消，还是只许提起 3 倍金额之诉？在盗窃案件中，我们是既应该提起 4 倍金额之诉，也应该提起通知＜返还＞之诉吗？对此我的观点是，这两个诉讼任何一个就足够了，因为当可以提起通知＜返还＞之诉时，在 1 年过后，没必要准予事实之诉。

D. 3，6，6 盖尤斯，《行省告示评注》，第 4 卷

当一个人付钱以避免别人起诉他时，如果他之后有权起诉恢复之，则 1 年期限从他付钱时开始计算。但是，在别人付钱来起诉他的情况下，1 年期限是应当从付钱之日起计算，还是应当从此人知道已经付钱之日起算，这就有人怀疑了。因为很明显，不知道者没有起诉的可能性。较好的观点是，1 年期限应当从他知道时开始计算。

D. 3, 6, 7pr. *Paulus libro decimo ad edictum*

Si quis ab alio acceperit pecuniam ne mihi negotium faciat, si quidem mandatu meo datum est, vel a procuratore meo omnium rerum, vel ab eo qui negotium meum gerere volebat et ratum habui: ego dedisse intellegor. si autem non mandatu meo alius ei licet misericordiae causa dederit ne fiat neque ratum habui, tunc et ipsum repetere et me in quadruplum agere posse.

D. 3, 6, 7, 1

Si ut filio familias negotium fieret acceptum est, et patri actio danda est. item si filius familias pecuniam acceperit, ut faceret negotium vel non faceret, in ipsum iudicium dabitur: et si alius non meo mandatu ei dederit ne fiat, tunc etiam ipsum repetere et me in quadruplum agere posse.

D. 3, 6, 7, 2

Cum publicanus mancipia retineret dataque ei pecunia esset quae non deberetur, et ipse ex hac parte edicti in factum actione tenetur.

D. 3, 6, 8 *Ulpianus libro quarto opinionum*

Si ab eo, qui innocens fuit, sub specie criminis alicuius, quod in eo probatum non est, pecuniam acceptam is cuius de ea re notio est edoctus fuerit: id quod illicite extortum est secundum edicti formam, quod de his est, qui pecuniam ut negotium facerent aut non facerent accepisse dicerentur, restitui iubeat et ei, qui id commisit, pro modo delicti poenam irroget.

D. 3，6，7pr. 保罗，《告示评注》，第 10 卷

若一个人从别人处收钱，以使我免于被告，那么，如果这是我委托付的钱，或者是由我的全权诉讼代理人付的钱，或者是一个自愿管理我的事务并受我认可的人所付的钱，则我被认为已经亲自支付了这笔钱。但是，如果付钱者并非出于我的委托，而是为了使我免于被告，而我没有追认他的行为，则该付钱者可以追回金钱，而我可以提起 4 倍金额之诉。

D. 3，6，7，1

如果收钱的目的是为了针对家子提起诉讼，那么家父也可以提起＜诬告＞之诉。同样，如果家子收下了钱，为了去起诉或不起诉某人，那么可以对家父提起诬告诉讼。如果另外一个人，在没有受我委托的情况下，付钱给家子以使之不起诉，则他之后可以起诉取回这钱，而我可以提起 4 倍金额之诉。

D. 3，6，7，2

如果一个保留着奴隶的收税人，被支付了他并不应得的金钱，那么，根据这部分告示，他也应当在事实之诉中承担责任。

D. 3，6，8 乌尔比安，《意见集》，第 4 卷

当一个有管辖权的法官被人告知：有人就某个无辜的人的未被证实的犯罪而收受了金钱；根据告示的规定——该规定涉及了那些被认为是收了钱以发起诬告或者不发起诬告的人——法官必须下令退还被非法勒索的东西，而且法官必须对此人所犯下的罪行加以相应的刑罚。

D. 3, 6, 9 *Papinianus libro secundo de adulteriis*

De servo qui accusatur, si postuletur, quaestio habetur: quo absoluto in duplum pretium accusator domino damnatur: sed et citra pretii aestimationem quaeritur de calumnia eius. separatum est etenim calumniae crimen a damno quod in servo propter quaestionem domino datum est.

D.3，6，9 帕比尼安，《论通奸》，第2卷

当一个奴隶被起诉，在被要求的情况下，他应当受刑讯；而如果该奴隶被宣布无罪，则原告应当被判赔偿给奴隶主两倍于此奴隶的价格。在两倍价格之外，还应当展开调查，查看原告有没有诬告。因为诬告犯罪独立于奴隶主因奴隶被刑讯而蒙受的损失之外。

图书在版编目（ＣＩＰ）数据

学说汇纂（第三卷）起诉的问题与基本制度/（古罗马）优士丁尼著；吴鹏译.—北京：中国政法大学出版社，2016.6
ISBN 978-7-5620-6804-4

Ⅰ.①学…　Ⅱ.①优…　②吴…　Ⅲ.①罗马法－起诉－研究　Ⅳ.①D904.1

中国版本图书馆CIP数据核字(2016)第138568号

出　版　者　中国政法大学出版社

地　　　址　北京市海淀区西土城路 25 号

邮寄地址　　北京 100088 信箱 8034 分箱　邮编 100088

网　　　址　http://www.cuplpress.com（网络实名：中国政法大学出版社）

电　　　话　010-58908285(总编室) 58908334(邮购部)

承　　　印　固安华明印业有限公司

开　　　本　880mm×1230mm　1/32

印　　　张　7.875

字　　　数　164 千字

版　　　次　2016 年 6 月第 1 版

印　　　次　2016 年 6 月第 1 次印刷

定　　　价　32.00 元